왜 나는 법을
공부하는가

류재운 정리

누군가에게 필요한 말을 글로 쓰는 것에 만족하며 지내는 글쟁이다. 지은 책으로는 『어린이를 위한 리우 선언』(공동작가), 『열두 살 키라의 만화경제교과서』(스토리작가), 『다윈코드』, 『경제위기, 내 돈을 지켜라』, 『50만 원의 기적—가족의 미래를 바꾸는 아내의 비밀노트』, 『마켓3.0 시대의 스마트 비즈니스 전략』 등이 있다.

서울대 교수 조국의 '내가 공부하는 이유'

왜 나는 법을 공부하는가

초판 1쇄 발행 2014년 6월 15일
초판14쇄 발행 2021년 1월 13일

지은이 조국
펴낸이 김선식

경영총괄 김은영
콘텐츠개발1팀장 임보윤 **콘텐츠개발1팀** 윤유정, 한다혜, 성기병, 문주연
마케팅본부장 이주화
채널마케팅팀 최혜령, 권장규, 이고은, 박태준, 박지수, 기명리
미디어홍보팀 정명찬, 허지호, 김은지, 박재연, 임유나, 배한진
저작권팀 한승빈, 김재원
경영관리본부 허대우, 하미선, 박상민, 윤이경, 권송이, 김재경, 최완규, 이우철

펴낸곳 다산북스 **출판등록** 2005년 12월 23일 제313-2005-00277호
주소 경기도 파주시 회동길 357 3층
전화 02-702-1724 **팩스** 02-703-2219 **이메일** dasanbooks@dasanbooks.com
홈페이지 www.dasanbooks.com **블로그** blog.naver.com/dasan_books
종이 (주)한솔피앤에스 **출력·인쇄** (주)갑우문화사

ⓒ 2014, 조국

ISBN 979-11-306-0288-2(13320)

• 책값은 뒤표지에 있습니다.
• 파본은 구입하신 서점에서 교환해드립니다.
• 이 책은 저작권법에 의하여 보호를 받는 저작물이므로 무단 전재와 복제를 금합니다.
• 이 도서의 국립중앙도서관 출판시도서목록(CIP)은 서지정보유통지원시스템 홈페이지(http://seoji.nl.go.kr)와 국가자료공동목록시스템(http://www.nl.go.kr/kolisnet)에서 이용하실 수 있습니다. (CIP제어번호: CIP2014016376)

다산북스(DASANBOOKS)는 독자 여러분의 책에 관한 아이디어와 원고 투고를 기쁜 마음으로 기다리고 있습니다. 책 출간을 원하는 아이디어가 있으신 분은 다산북스 홈페이지 '투고원고'란으로 간단한 개요와 취지, 연락처 등을 보내주세요. 머뭇거리지 말고 문을 두드리세요.

서울대 교수
조국의
'내가
공부하는
이유'

왜 나는 법을 공부하는가

조국
지음
—
류재운
정리

다산북스

차 례

6 　시작하며
　　 7평 연구실, 그곳에서 나는 세상을 꿈꾼다

01　호모 아카데미쿠스
　　공부하는 인간

14　책상보다 골목이 좋았던 꼬마
24　형은 '공부 1등', 동생은 '싸움 1등'
35　내가 가야 할 길을 스스로 선택하는 것
43　학생은 '나'를 찾아가는 유목민이 되어야 한다
48　몰입할 수 있는 대상을 찾다
55　스펙을 빼고 나면… 나는 누구인가
64　'일류 인생'이 '일류 행복'을 주는 건 아니다
73　운칠기삼, 그 30%의 가능성

02　호모 레지스탕스
　　저항하는 인간

82　소년이 본 외눈박이 거인들의 세상
95　책만으로는 배울 수 없는 진짜 세상을 보다
106　사노맹 그리고 수감생활
116　현재에 발 딛은 유토피아를 꿈꾸다
121　변화는 내면의 작은 용기에서 시작된다

03 호모 쥬리디쿠스
정의로운 인간

130 진보적 학풍의 심장, 버클리
140 Kill your father!
147 법 공부를 잘하려면
153 차가운 머리와 따뜻한 가슴
160 '중용'의 '중'은 '가운데'가 아니라 '정확함'
168 가장 기피하던 '형사법'을 선택하다
175 지금 청년에게 필요한 것은…
183 결국 문제 해결의 주체는 나 자신이다

04 호모 엠파티쿠스
공감하는 인간

194 동네 '바보 형'의 기억
200 우리는 너무 많이 생각하고 너무 적게 느낀다
208 어리석음을 온몸으로 실천하는 '철부지'가 되자
216 공감의 시대, 공감하는 인간
222 늙지 않는 공부, 나보다 우리를 위한 시선
234 '공적 지식인'이 된다는 것
242 '진보적'이지만 '독립적'인 지식인

248 마무리하며
　　　"끝날 때까지는 끝난 것이 아냐"

257 주석

시작하며

7평 연구실,
그곳에서 나는 세상을 꿈꾼다

나의 세상은 작은 7평 연구실에서 시작된다. 주말을 제외한 대부분의 시간을 나는 여기에서 지낸다. 아주 뜨거운 여름에도, 아주 추운 겨울에도 이 작고 견고한 성은 나에게 즐거운 탐구의 시간과 고독한 성찰의 시간을, 동시에 뜨거운 참여의 시간을 허락해준다. 직업이 교수이니 당연하다고 생각할지 모르지만, 나는 살아오면서 한 번도 공부를 손에서 놓은 적이 없다. 깊숙한 정치참여를 하면서도 마찬가지다. 법학 관련 논문과 판례를 읽고 꾸준히 논문을 쓰는 것은 물론, 전공을 넘어 사람과 세상에 대한 공부를 계속하고 있다.

정치참여를 하는 나에게 종종 "이제 출마해야죠?"라고 말하는 사람들이 있다. 내 의사와 무관하게 국회의원 선거, 지방자치단체장 선거, 교육감 선거 등에서 여러 번 후보로 거론되기도 했다. 나는 그때마다 분명히 거절 의사를 표시했다. 스스로 전혀 준비가 되어 있지 않다고 판단했기 때문이다. 그러나 대부분 진심으로 받아들여지지 않는다. 어쩔 수 없는 일이다.

나는 매순간 중심을 잃지 않기 위해 노력한다. 중심이 없으면 칭찬과 환호에 쉽게 흔들릴 수밖에 없다. 오늘의 칭찬과 환호는 내일 뒤집어질 수 있다. 한순간에 비난과 경멸, 야유와 조롱으로 바뀔 수 있다. 그만큼 달콤하지만 영원하지 못한 것이 바로 주변의 시선이다. 중심을 유지하며 내가 서 있는 자리에서 해야 할 일을 하기 위해 오늘도 공부한다. 내 삶의 두 축은 '학문'과 '참여'다. 어떤 이는 "세상사에 개입하지 말고 공부나 해라!"라고 비난하고, 또 다른 이는 "상아탑을 떠나 대중의 바다에 뛰어들어라!"라고 명령하기도 하지만, 나는 그저 나의 길을 가려 한다.

집필 제안을 받은 건 벌써 2년 전이었다. 한창 세상사에 깊숙이 관여하여 목소리를 내는 중이었고, 개인적으로도 일이 많아 바쁜 때였다. 그런데도 책 집필 제안을 받아들인 것은 주제가 '공부'였기 때문이다. 평생 공부를 소명이자 운명으로 생각했기에 덥석 수락했다. 공부에 대해 쓰는 것은 어렵지 않을 줄 알았다. 그러나 쉬운 작업이 아니었다. 공부는 종이 위에서만 이루어지는 것이 아니기 때문이다. 나는 되도록 많은 것을 '공부'라는 프레임에 담아 설명하고 싶었다.

공부란 자신을 아는 길이다. 자신의 속을 깊이 들여다보며 자신이 무엇에 들뜨고 무엇에 끌리는지, 무엇에 분노하는지 아는 것이 공부의 시작이다. 공부란 이렇게 자신의 꿈과 갈등을 직시하는 주체적인 인간이 세상과 만나는 문이다. 자신이 행복해지기 위해, 그리고 모두가 행복한 세상을 만들기 위해 공부를 해야 한다. 이 점에서 공부에는 끝이 없다.

나는 중산층 가정에서 태어나 서울대를 졸업하고 미국 유학을 다녀와 서울 강남 지역에 살면서 대한민국 학벌의 정점인 서울대에 교수로 자리 잡고 있다. '스펙'으로만 보면, 나는 성공한 사람이다. 요즘 청년들 말로 재수 없어 보일 수도 있다. '좌파 엘리트', '강남좌파' 등의 비아냥거림이 있다는 것도 안다. 그런 내가 국가보안법 위반으로 5개월간 감옥에 있었다고 하면 많은 사람들이 놀란다. 다른 법도 아니고 '간첩', '빨갱이' 등을 연상시키는 국가보안법을 위반한 '전과자'라서 그럴 것이다. 얼핏 보면 거리가 먼 이 양극단의 과거는 지금의 나를 형성했다고 해도 과언이 아니다.

서울대 교수가 '공부'에 대해 말하는 것, 식상하거나 지겨운 얘기로 보일 것 같다. '승자'의 자랑질이나 훈계로 들릴 수도 있지 않을까 걱정된다. 그렇지만 서울대 법대에 입학한 학생이 왜 사법고시를 보지 않고 '딴짓'을 했을까, 막 교수가 됐을 때 왜 포승줄에 묶여 감옥으로 가야 했을까, 출소 후에는 어떤 마음으로 무슨 공부를 했기에 다시 교수가 됐을까 등은 나름의 흥미와 의미가 있는 이야기가 될 것 같다. 세간의 기준으로 보면 '바닥'에 떨어졌다가 '정상'에 오른 사람으로 비칠지도 모르겠다. 그러나 '국보법 전과자'와 '서울대 교수' 사이에는 일관된 그 무엇이 있다.

누군가는 나의 학력이나 경력을 거론하며 편한 길을 놔두고 왜 힘든 길을 자처해서 가느냐고 묻는다. 물론 나도 학교 안에 은거하고 싶을 때가 있나. 그러나 참여와 실천이 고난이라고 생각하지는 않는다. 오히려 대한민국이라는 정치·사회 공동체에 살고 있는 시민의 당연한 권리이자 의무라고 생각한다. 플라톤은 이렇게 경고한 바 있다.

"정치참여를 거부하는 데에 대한 벌 중의 하나는 당신보다 저급한 자들에 의해 지배당하게 되는 것이다."

공동체의 문제와 모순이 보이는데, 그것을 외면하거나 호도하는 것은 식자識者의 자기부정이다. 종종 저급저열하고 황당무계한 허위중상도 받고 있으나 감수해야 할 일이다.

어떤 인간이 될 것인가? 이는 누구에게나 평생 계속되어야 할 질문이다. 어떤 공부를 하면서 살아야 하는지에 대한 고민 또한 중요하다. 나는 지식인이자 법학자의 삶을 살기로 마음먹었다. 돈과 힘보다 사람이 우선하는 세상을 만드는 데에 조금이라도 기여하고 싶다는 바람에서다. 구체적으로는 정치적 민주화를 넘어 사회·경제적 민주화를 이루기 위한 법과 제도를 만들고 싶다. 20여 년 전에 감옥에 갇혔던 것도, 지금 적극적으로 정치·사회참여에 나서는 것도, 그리고 연구하고 논문 쓰는 것도 다 이러한 이유에서다.

나는 정치인도, 시민운동가도, 철학자도, 구도자도 아니다. 그들과 손을 잡고 세상의 변화를 위해 나 자신의 역할과 소임을 기꺼이 하려는 공부하는 사람, 즉 학인學人일 뿐이다. 가수 이상은의 노래처럼 "삶은 여행"이다. 이제 나도 "혼자 비바람 속을 걸어갈 수" 있는 나이가 됐다. 그리고 "수많은 저 불빛에 하나가 되기 위해 걸어가는 사람들"과 함께 심장박동과 호흡과 보폭을 맞추면 고독하지 않다. 수많은 별들이 모여 밤하늘을 밝힌다. 나는 자신의 색조와 조도照度로 빛을 낼 것이다. 각자의 영역에서 각자의 능력에 따라 고민하고 땀 흘리는 이들과 함께 말이다.

마지막으로 이 책에는 《경향신문》, 《시사인》 등 언론 지면에 발표했던 시론이 포함되어 있음을 밝힌다. 그리고 어린 시절부터 근래까지 살아온 이야기에 대하여 인터뷰 후 초벌 정리를 해준 류재운 작가와 인내심을 가지고 탈고를 기다려준 다산북스 관계자 여러분께 감사를 표한다.

2014년 4월
관악산 구미당究微堂에서

01

호모 아카데미쿠스
공부하는 인간

책상보다
골목이 좋았던 꼬마

어린 시절 나는 공부를 좋아했고 잘했다. 그런데, 학외學外 대중강연을 갈 때마다 나를 소개하는 말에는 손발이 오그라들 정도로 쑥스럽다. 특히 만 열일곱 살이 되기 전 서울대 법대에 입학했다는 이야기가 나올 때는 나도 모르게 고개를 숙인다. 왜냐하면 사람들의 기대와는 달리, 내가 어릴 때부터 공부를 미친 듯이 한 것은 아니었기 때문이다. 유년 시절에는 나도 책상 앞에 앉아 있는 것보다 골목을 뛰어다니는 게 더 즐거웠다.

내가 또래보다 진도가 빨랐던 데에는 특별한 사연이 있다. 동기들에 비해 초등학교를 2년 일찍 들어갔던 것이다. 그렇다고 해서 '영재'니 뭐니 하면서 들어간 게 아니다. 내가 남들보다 일찍 초등학교 교실에 앉았던 것은 순전히 '놀고' 싶었기 때문이었다.

어느 날 갑자기 같이 뛰놀던 아이들이 골목길에서 싹 사라져버렸다. 알고 보니 모두 초등학교에 입학한 것이었다. 나는 친구들을 따라 학교에 가고 싶었다. 그래야 계속해서 같이 놀 수 있으니까. 그래서 부모님께 떼를 썼다.

"나도 학교에 갈래요."
"넌 아직 어려서 안 돼. 여덟 살이 될 때까지 기다리렴."
"친구들은 다 갔는데, 나는 왜 못 가요?"

당시 나는 너무 어려서 학교를 가지 못하는 이유를 이해하지 못했다. 부모님으로서는 참으로 난감하셨을 것이다. 유치원에 갈 나이는 됐지만 유치원이 너무 멀리 있어 보낼 수가 없었다. 교사였던 어머니가 매일 나를 유치원에 데려다주는 것은 현실적으로 힘든 일이었다. 그때는 유치원 버스 운행도 없던 시절이었다. 그런 와중에도 내가 학교에 보내달라고 계속 떼를 쓰니 어머니는 고민 끝에 초등학교에 나를 '청강생'으로 받아줄 것을 부탁하셨다. 당시 우리 집과 초등학교는 담 옆에 딱 붙어 있었기 때문에 유치원에 보내는 것보다 훨씬 안전하다고 판단하신 듯하다.

어머니는 나를 데리고 초등학교 교장선생님을 만나셨다.

딱 1년만 청강생으로 받아주시기를 부탁했고, 결국 교실에 앉혀만 놓고 정식으로 등록하지 않는다는 조건으로 초등학교에 들어갔다. 마침 1학년을 맡고 있는 선생님 중에 어머니의 친구 분이 계셔서 나는 그 반의 청강생으로 교실 한구석에 앉아 있을 수 있었다. 부모님은 1년 동안 그저 자리에 앉아 있기만 해도 뭔가 조금이라도 배우는 게 있으리라 생각하신 것이다.

당시에는 요즘 중·고교생은 물론이고 유치원생까지 허덕이게 만들고 있는 '선행학습'을 전혀 하지 않았다. 부모들은 아이들에게 그저 학교에 다녀오라고 했을 뿐이다. 나는 친구들과 신나게 놀 생각에 학교 가는 것이 아주 즐거웠다. 심지어 수업 시간도 즐거웠다. 수업 내용이 꽤나 재밌었다. 그 시절에는 이렇다 할 놀이거리와 읽을 책도 별로 없었기에 교과서 내용이 흥미로웠다. 학교 다니기 전에 한글공부도 제대로 하지 않고 마냥 뛰어놀기만 했던 나로서는 신세계가 열린 셈이었다. 허구한 날 공이나 작대기를 들고 뛰어놀던 꼬맹이가 그동안 몰랐던 재밋거리를 찾은 것이다. 골목길에서 벗어나 학교라는 공간을 접한 것도 호기심을 자극했다. 급우들과 공부도 하고 노래도 배우고 체육도 함께하는 체험 생활이 이어지니 날마다 새롭고 즐겁기만 했다. 이렇듯 호기심을 채우는 재미를 알게 된 나는 수업에 자연스레 집중을 하게 됐다. 수업에 집중하며 문제도 곧잘 풀던 나는 어른들에게 예상 밖의 기대감을 심어 주었다. 나를 청강생으로 받아주신 담임선생님도 수업진도를 잘 따라오니 그냥 2학년으로 올라가도 되겠다며 도중에 정식입학을 추천하셨다. 또래보다 두 살이나 어린 아이가 정식으로 초등학생이 됐으니 부모님을 비롯해 주변의 기대가 커졌다. 청강생 신분에서 초등학생이 된 꼬맹이는 이런 주위의 기대는 아랑곳없이 그저 공부하는 게 재밌어서 열심히 학교를 다녔다.

조금 뜬금없지만, 내가 공부를 즐기게 된 데는 이름도 큰 영향을 끼쳤다. 항렬자가 있음에도 '조국'이라는 외자 이름을 지어주신 아버지 덕분에 내 이름은 모두 쉽게 기억하는 이름이 됐다. 학기 초만 되면 곤욕 아닌 곤욕도 치러야 했다. 보통 첫 수업 시간이 되면 각 과목 선생님은 학생들의 이름과 얼굴을 익히기 위해 출석을 부르는데, 내 차례가 되면 "조국! 일어나봐. 얼굴 좀 보자"라고 하시기 일쑤였다. 그렇게 새 학기마다 한동안 어느 수업이든 호출을 당했다. 선생님들은 학기 초에는 아이들 이름을 전부 외우지 못하니 일단은 생각나는 이름부터 호명하게 되는데, 조국만큼 기억하기 쉬운 이름이 없으니 언제나 나부터 찾았던 것이다.

"조국! 나와서 이 수학 문제 풀어봐!"
"조국! 다음 시간까지 이길 준비해와!"

학년이 바뀌어도 새 학기가 되면 언제나 똑같은 일이 반복됐다. 그러다 보니 어느덧 나도 내 이름이 불리는 게 당연한 것처럼 느껴졌다. 담임선생님은 물론이고 교장선생님까지 모든 선생님들이 우선 내 이름을 부르고 보는 것에 대해 친구들도 이상하게 생각하지 않았다. 나는 늘 마음의 준비를 하고 있어야 했다. 독특한 이름 덕분에 공부를 하지 않으려야 않을 수 없는 상황이었다고 할까. 부담이 되기도 했지만 워낙 자주 일어나는 일이라 나 또한 어느덧 그 상황을 즐기게 됐다. 학년이 바뀌고 과목별로 선생님이 바뀔 때마다 내 이름이 호명되기를 은근히 기다리며 미리 교과서를 읽어 준비하곤 했다. 덕분에 나는 선생님께 인정과 칭찬을 받을 기회가 많았고, 즐거운 마음으로 공부를 할 수 있었다. 특이한 이름 덕에 나는 칭찬의 맛을 알게 되고 인정 욕구가 충족되는 경험을 한 것이다. 가정에서건 학교에서건 아이들이 잘하는 것을 치켜세워주고 칭찬해주는 것, 그것이 아이의 마음속 빛을 밝히는 방법이다.

그래서 나는 아주 어릴 적부터 '공부는 재미있는 것'이라는 생각을 하게 됐다. "피할 수 없으면 즐기라"는 뻔한 말의 의미를 체득했다고 할까. 사실 어린 나이에 재미없이 공부에 빠질 수는 없었을 것이다. 놀이의 연장으로 들어간 초등학교였으니 공부도 또 다른 놀이가 됐던 셈이다. 스스로 재미를 느끼지 않는 공부는 고역에 불과하다. 공부에 대한 열정을 여는 열쇠는 작은 호기심 정도면 충분하다. "이게 대체 뭐지?"와 "왜?"라는 의문을 품으면 공부는 이미 시작한 것이나 다름없다. 운동을 잘한다는 칭찬을 받으면 더 열심히 하게 되고 필요한 기술을 어떻게 구사할지 스스로 궁리하고 훈련하게 되는 것처럼 말이다.

누구나 자신이 좋아하는 것에 꽂히기 마련이다. 공부도 마찬가지다. '내가 뭘 하면 즐거울까?'를 제대로 찾는 것이 중요하다. 이 즐거움은 한때의 쾌락을 뜻하는 게 아니다. 자신의 평생 삶을 담아낼 그릇을 빚어내면서 느끼는 즐거움이다.

주변 사람들은 종종 "어떻게 하면 공부를 잘할 수 있나요?"라고 묻는다. 물론 여기서의 공부는 학교 공부다. 그러면 나는 경험한 것에 비추어 바로 답하곤 한다.

"아이가 꾸준히 흥미를 보이는 것 중에서 소질 있는 것을 발견하세요. 그리고 그걸 하도록 밀어주세요. 학교 공부가 아니라 운동, 그림, 춤, 노래라 하더라도."

숫자와 연산을 반복하는 것보다 "수학을 재미있는 것으로 기억하도록 돕는 것"이 더 중요하다고 알렉산더 즈본킨Alexander Zvonkin 박사는 말한다. 러시아 모스크바 국립대 산하 수학영재고등학교와 모스크바 국립대 수학과를 졸업하고 파리6대학 수학과 교수를 역임한 그는 『내 아이와 함께한 수학 일기』(양철북, 2012)에서 수학을 싫어하지만 아이들에게 가르치고 싶다는 어떤 어머니의 편지에 다음과 같이 답했다.

"파이 굽는 것을 좋아하십니까. 그러면 아들과 함께 파이를 구워보십시오."

내 아이들의 경우만 보더라도 요즘 세대는 우리 세대와 다르다는 걸 금방 느낀다. 먹고사는 문제가 해결된 세상에서 살고 있는 아이들에게 '헝그리 정신'을 기대하는 건 무망한 짓이다. 지금은 공부 외에 재미있는 것이 매우 많다. 컴퓨터, 스마트폰, 텔레비전, 게임기 등 정신을 앗아갈 것들이 널려 있다.

이런 환경에서 아이들이 공부에 흥미를 가지려면 더더욱 확실한 동기나 계기가 있어야 한다. 하다못해 특정 직업이 멋있어 보이거나 특정 사안에 흥미가 발동한다는 식의 내적 동력이라도 있어야 한다. 아이들은 자기가 왜 공부를 해야 하는지 모른다. 경험해보지 않았기 때문이다. 그런데 이유를 모르면 첫 단추조차 제대로 꿸 수 없다. 열망이건 선망이건 콤플렉스건 자신의 마음속 깊은 곳에서 나오는 소리를 들어야 한다. 이 '소리'를 무시하고 학교 공부를 강요하는 것은 아이와 부모 모두에게 고통이다. 물론 원하는 결과도 얻을 수 없다.

오늘날 '학벌사회'의 위력을 잘 아는 부모들은 자식들이 그 피라미드 꼭대기에 올라가길 원한다. 자식이 '승자'가 되길 원하지 '패자'가 되길 바라는 부모가 어디 있겠는가. 그래서 유치원 때부터 'SKY 대학(서울대, 고대, 연대를 일컫는 속어)'을 목표로 아이에게 선행학습을 시킨다. 우리 세대가 어렸을 때도 학구열은 상당했지만, 지금과 같은 조기 과열 양상은 없었다. 그러나 나 자신과 딸 아들의 경험에 비추어보면, 선행학습은 비용 문제를 차치하더라도 아이가 학교 수업에 호기심을 갖지 못하게 만든다는 치명적인 단점이 있다. 학원에서 미리 배운 학생의 상당수가 내용을 다 알고 있다고 생각 또는 착각하고 수업에 임하니 학교 수업의 성과가 좋을 리 없다. 알렉산더 즈본킨 박사는 『내 아이와 함께한 수학 일기』에서 선행학습은 효과가 없다고 단언하기도 했다. 나는 추월해서 가르치는 것이 왜 쓸모가 없어지는지를 이 책을 통해 구체적으로 알게 됐다.

경제협력개발기구OECD 나라 중에서 한국처럼 아이들에게 선행학습을 시키는 곳은 없다. 최근 '선행학습금지법(공교육 정상화 촉진·선행교육 규제 특별법)'이 제정된 것은 참으로 다행이다. 학부모와 학생 입장에서는 정규 교육과정과 '방과 후 학교' 과정에서 선행학습이 전국적으로 균일하게 금지되고 선행학습을 유발하는 학교 시험이나 평가도 금지되어 선행학습으로 뛰어들지 않는다. 이 법은 학원에서 이루어지는 선행교육은 금지하지 않은 채 광고·홍보만 규제하고 이 규제를 위반했을 경우에 대한 제재가 명시되지 않는 등의 한계가 있다. 또한 현재의 대학서열체제가 유지되고 있는 상태에서 이 법만으로 선행학습이 없어지겠느냐는 의문도 있을 것이다. 그렇지만 첫술에 배부를 수는 없다. 이 기회를 시작으로 서서히 학교 안을 바꾸고, 다시 힘을 모아 학교 밖을 바꾸어나가야 한다.

학벌사회에서 자식이 좋은 학벌을 갖추도록 애를 쓰는 심정, 나 또한 부모로서 인지상정으로 이해할 수 있다. 이런 말이 있다. "아이의 입시 성공을 위해서는 아빠의 무관심, 엄마의 정보력, 할아버지의 재력이 필요하다." 오늘날 좋은 성적은 부모, 나아가 조부모의 능력과 후원 덕이 크다는 비아냥이다. 이제 입시는 3대가 같이 뛰어들어야 할 총력전인 것이다. 하루 종일 아이의 주변을 헬리콥터처럼 맴돌며 일일이 간섭하는 엄마를 '헬리콥터 맘'이라 부른다고 한다. 헬리콥터 맘은 자식의 모든 생활을 입시 공부 중심으로 관리하고 통제한다. 이들은 자식을 위해 최선을 다한다는 선의를 가지고 있을 것이다. 그러나 그 결과는 무엇일까? 아이들에게는 자신이 정말 무엇을 좋아하는지, 무엇에 행복을 느끼는지 생각할 틈이 없다. 아니 그런 생각은 금지된다고 하는 게 옳을 것이다. 이렇게 되면 아이는 엄마 없이는 아무것도 생각, 계획, 실행하지 못하는 '만년 유아'가 되고 만다. 이런 아이가 내면의 행복을 느끼고 살아가는 주체적 인간이 될 수 있을까. 부모는 '헬리콥터'를 버려야 한다. 자식은 자기 발로 땅에서 뛰어야 한다. 부모의 욕망을 자식에게 투영, 강요하는 것이야말로 자식의 앞길은 물론, 부모의 행복도 망치는 지름길이다. 피에르 부르디외 Pierre Bourdieu 의 경고는 이런 점에서 큰 울림이 있다.

"상승하는 쁘띠 부르주아의 전 생활은 대부분의 경우 자신의 열망을 투사한 자식을 통해, 대리에 의해서 알게 될 뿐인 미래에 대한 예상이다. 아들을 위해 그가 꾸는 미래란 꿈이 그의 현재를 갉아먹는다."[1]

기성의 체제는 미래를 위해 현재를 유보하라는 유혹을 던지고 주입한다. 하지만 나는 반대로, 예측할 수 없는 미래를 위해 현재의 행복을 포기하지 말라고 하고 싶다. 현재의 행복을 포기하는 데 길들여지면 죽을 때까지 행복은 유보될 것이다. 오늘 아이의 빛나는 눈동자에 한 번이라도 더 감동하는 것, 그것이 부모로서 보람을 느끼는 순간이 아닐까.

형은 '공부 1등',
동생은 '싸움 1등'

나는 부산에서 태어났다. 인격과 감성의 원형이 형성되는 청소년 시기까지 부산에서 살았으니, 부산 사람의 기질이 남아 있음은 자연스러운 일이다. 보통 부산 사람의 기질이라고 하면, 항구도시 사람 특유의 투박하고 거친 말과 행동, 근거 없는 자신감과 고집, 그리고 무모하게 느껴질 정도의 추진력과 화끈함 등을 뜻한다. 나는 '바다 사나이'와는 비교할 수 없을 만큼 부드럽고 얌전한 사람인데도 타지에서 만난 사람들은 종종 부산 사람의 기질이 엿보인다고 한다. 고향을 떠난 지 30년이 넘었는데도 내게 밴 부산의 향취는 사라지지 않은 모양이다.

고향을 떠나 사는 사람들이 대부분 그렇듯 나 또한 고향을 떠올리면 어느덧 시계바늘이 거꾸로 돌아간다. 나는 흑백의 여운이 가득한 옛 고향의 정취를 사랑한다. 지금도 어머니와 친척들이 부산에 살고 계시기 때문에 내게 부산은 여전히 그리운 어머니의 품만 같다.

수많은 사람과 문물이 오가는 항구 도시 부산은 다양한 사람들이 모인 곳이다. 내가 자랄 때만 해도 서울을 제외하고는 부산만큼 다양한 인구 구성을 경험할 수 있는 지역이 드물었다. 여러 계층과 계급의 사람들이 있었음은 물론, 출신 지역과 배경도 매우 다양했다. 바다를 끼고 있는 지역인 데다가, 전쟁의 혼란을 피해 곳곳에서 피난 와서 정착한 사람들, 취업을 위해 '대한민국 제2의 도시'로 온 여러 지방의 사람들 덕분에 부산은 대구와 광주 등 다른 지방 대도시들보다 훨씬 더 다양한 인간 군상이 모인 시끌벅적한 '잡종雜種 도시'이자 '혼성混成 도시'였다.

고교 시절 나는 하굣길이나 주말이면 심심찮게 자갈치시장과 국제시장에 들렀다. 입시 공부를 하다 피곤하거나 지겨울 때 활어시장, 건어물시장, 횟집, 곰장어구이집 등이 모여 있는 자갈치시장과 당시 전국 최대 재래시장으로 미군 군용물품을 비롯해 수많은 물건을 파는 국제시장을 둘러보면 절로 활력충전이 됐다. '부산 오뎅' 군것질을 하는 것도, 다양한 물건을 사는 것도 좋았지만, 인파로 북적대는 거리를 분주히 오가는 사람들을 구경하는 것이 제일 좋았다. 그곳에는 온갖 사람들이 있었다. 생선 비린내가 진동하는 곳에서 좌판을 깔고 억척스럽게 사는 '자갈치 아지매'들, 큰 목소리로 "오이소! 보이소! 사이소!"를 외치는 상인들, 땀을 뻘뻘 흘리며 무거운 짐을 부리는 노동자들, 철가방을 들고 이리 뛰고 저리 뛰며 음식을 배달하는 사람들, 바다 건너 어디에선가 왔을 파란 눈의 선원들까지 각양각색 사람들을 보고 있노라면 시간 가는 줄도 몰랐다. 교사 부부의 아들로 자라며 집안에서 접해보지 못한 사람들의 생생한 삶을 그곳에서 배웠다.

중학교 다닐 때 고교 평준화가 이루어졌기 때문에, 나는 추첨으로 배정받은 고등학교를 갔다. 모교인 혜광고등학교는 고교 입시가 있었던 시기의 기준으로 봤을 때 전혀 '명문고'가 아니었다. 부산 지역의 전통 명문고인 경남고, 부산고와 비교할 수 없는 '후진 학교'에 속했다. 중학교 졸업할 때 어머니는 "혜광고는 뽑으면 안 되는데……" 하며 걱정하셨는데, 바로 그 학교를 뽑았던 것이다.

혜광고는 보수동 산복山腹도로 위에 있었다. 물론 잘사는 동네가 아니었다. 주먹 잘 쓰는 친구, 공부 잘하는 친구, 잘사는 동네 출신 친구, 못사는 동네 출신 친구가 섞여 있었던 고등학교는 그야말로 우리 사회의 축소판이었다. 친구마다 가지고 있는 삶의 이야기가 다양했고, 생각하는 것과 미래의 목표도 제각각이었다. 고등학교 친구들은 각자의 결핍과 고민을 가지고 있었다. 생활 형편이 어려웠던 친구들의 물질적인 결핍은 바로 눈에 띄었다. 예컨대, 도시락을 싸올 수가 없어 점심때마다 친구들 도시락을 뺏어 먹는 친구들이 있었다. 다행히 생활 환경이 괜찮았던 나는 이런 문제를 겪진 않았지만, 친구들의 상황을 접하면서 나의 내면은 한편으로는 복잡해지고 다른 한편으로는 성숙해졌다.

똑같은 옷을 입고 똑같은 머리 모양을 하고 있었지만 우리 안에는 제 나름의 무언가가 자리 잡고 있었고, 우리는 각자의 방식으로 그것을 표출하고 있었다. 하지만 신기하게도 서로 달랐기 때문에 적대시하는 경우는 없었다. 공부 잘하는 모범생이라고 해서 누군가 질투 어린 해코지를 하거나, 담배를 피운다고 해서 무작정 불량학생 취급하는 것은 아니었다. 뭔가 이유가 있을 것이라며 각각의 스타일을 인정하고 받아들인 것이다. 남학교라서 싸움도 종종 일어났지만, 단편적인 에피소드로 끝나는 것이 대부분이었다. 검정 교복 속에 다양한 색깔을 감추고 있던 친구들과 지내면서 '틀린 것'과 '다른 것'의 차이를 저절로 알 수 있었다.

모범생의 전형이었던 내가 친구들의 다양한 모습에 빠르게 적응한 데는 동생의 덕도 크다. 내 동생은 나와 정반대의 길을 가고 있었다. 팔팔한 성격에 체격도 건장한데 공부나 독서보다는 운동과 무술을 좋아한 동생은 모범생의 길을 걷고 있던 나와는 달라도 한참 달랐다. 그런데 다름을 다름으로 인정하지 않고, 한쪽을 기준으로 삼아 서로 비교하려 드니 이런저런 문제가 생길 수밖에 없었다. 공부 좀 한다는 형을 두었기에 어릴 때부터 늘 비교대상이 돼야 했던 동생은 '피해자'였다. 함께 자라는 동안 늘 나와 비교를 당하니 속이 말이 아니었을 것이다. 동생은 다니는 학교마다 싸움 1등이 됐다. 어린 마음에 형과 공부로 경쟁해서는 안 될 것 같으니, 정반대 쪽으로 방향을 튼 게 아닌가 짐작해본다. 주변 사람들은 "형은 공부 1등, 동생은 싸움 1등"이라고 품평하곤 했다.

이쯤 되면 아주 반듯한 형과 동네 사고뭉치인 동생의 갈등을 그린 드라마가 연상될 것이다. 여느 드라마처럼 부모님이 착하고 말 잘 듣는 형만 아끼고 동생에겐 온갖 구박을 하는 장면까지는 아니더라도, 유사한 상황이 종종 일어나기도 했다. 동생이 싸움 끝에 상대를 다치게 해 난리가 나면, 어머니가 백배사죄하고 돌아와서 동생 종아리를 치는 일도 여러 번 있었다. 다행인 것은 드라마처럼 형과 동생 사이가 나빠지지는 않았다는 것이다. 동생은 성격이 거칠었어도 나에게 함부로 하지는 않았다. 내가 종종 "네 심정 이해한다. 나 때문에 네가 피해를 봐서 미안하다"라는 말을 해주어 그런 게 아닌지 모르겠다.

내가 동생을 고맙게 여기는 것 중의 하나가, 형으로서 권위를 앞세우지 않아도 내 말은 잘 따라줬다는 것이다. 나와는 다른 동생을 인정했고, 동생이 집 밖으로 떠도는 이유를 알려고 노력했다. 그리고 그 이유의 일부가 나에게 있음을 인정하니 동생이 마음의 문을 열었다. 거친 성격의 동생과 함께 지내면서 나는 겉으로 드러난 모습이 그 사람의 전부가 아니라는 것을 배웠다. 동생의 상황을 이해하고 문제의 근원을 들여다봄으로써 진심으로 소통하고 공감할 수 있게 됐다. 학교 친구들도 마찬가지였다. 나와 다른 생각을 하고, 다른 행동, 심지어 반항적이고 폭력적인 행동을 하는 친구가 있더라도 분명 나름의 이유가 있을 것이라 생각하니 소통하고 공감할 수 있게 됐다.

　일반 고등학교에는 다양한 성향과 환경을 가진 친구들이 섞여 있어 성적이 다가 아니라는 것을 몸으로 배울 수 있었다. 지금도 고교 동창회에서 친구들을 만나는 것이 즐겁다. 다양한 직업을 가지고 사회 여러 분야에서 중요한 역할을 잘 해내고 있음을 확인하여 기쁘다. 그래서 나는 '뺑뺑이 세대'임이 항상 자랑스럽다.

　가치관이 형성되는 나이에 너무 균질화된, 특히 성적우수자로 구성된 집단 속에서 생활하게 되는 학생들을 보면 안타깝다. 사람의 다양함과 복잡함을 이해하지 못하게 될까 봐 걱정스럽다. 학생늘이 은연중에 '성적'이라는 절대 기준으로 사람 보는 법을 배우지 않을까 싶어서다.

명문고를 나온 사람들은 그들이 경험한 분위기가 주는 장점, 졸업 후에 갖게 될 인맥 등의 이점을 강조한다. 권위주의 정권 시절에도 그랬고, 그 후에도 오랫동안 우리 사회에 엘리트를 공급하는 학교는 경기고 등 명문고였다. 당시 명문고 졸업생들은 연이어 명문대로 진학을 했고, 이들 중 다수는 각각 전문 분야에서 개발독재와 고도성장을 지원하는 집단으로 자리 잡았다. 고교 평준화 이후에는 특목고, 자사고, 국제고 등이 그 위치를 대신하고 있는데, 이들 또한 개발독재를 대체한 신자유주의 체제를 옹호하는 엘리트로 성장하여 활동할 가능성이 높다.

물론 명문고가 반독재·민주화운동에 앞장선 사람, 낮은 곳에서 약자를 위해 헌신하는 사람들을 여럿 배출한 것도 사실이다. 실제 내 주위에도 이런 사람들이 많이 있다. 나는 그래도 고등학교 평준화 정책은 유지되어야 한다고 생각한다. 평준화 정책이 폐지되어 과거처럼 명문고가 전면 부활한다면, 대학과 사회는 음으로 양으로 명문고 출신만 우대할 것이다. 중학교 3학년 때 성적이 대학, 심지어 대학 졸업 이후의 삶까지 결정하게 되면 지금보다 훨씬 더 불공평하고 비합리적인 일이 발생할 것이고, 고교 입시 전쟁은 지금보다 훨씬 더 격화될 것이다. 연고를 중시하는 우리 사회에서 강한 힘을 갖는 연고가 또 하나 생길 것이다. '이종교배'가 '동종교배'보다 우월하

듯이, 학생들은 어린 시절부터 다른 계급, 계층, 집단 출신의 사람을 알고 사귀고 부대껴야 한다. 특목고, 자사고, 국제고 등은 원래 취지에 따라 운영되도록 철저히 규제해야 한다. 성적만이 공부의 전부가 아니다. 현재 특목고, 자사고, 국제고 등에 다니는 성적우수 학생들이라면 이 점을 유념하면서 생활하고 공부해야 사고의 폭과 깊이가 제한되지 않을 것이다.

나는 작년에 서울대 학생 온라인 커뮤니티 '스누라이프 SNULife'에서 평소 우려하던 일이 실제로 벌어진 것을 보았다. 어떤 학생이 '지역·기회균형선발' 출신 학생을 비하하는 글을 올린 것이다. 지역·기회균형선발제는 농어촌 등 서울 외의 지역 고교, 저소득 가구, 탈북가정 등 사회·경제적으로 어려운 환경에서 생활하면서도 우수한 성과를 거둔 학생을 선발하는 제도다. 심지어 그 학생은 이런 동료 친구를 '지균충', '기균충'으로 부르며 비하했다. 이 글을 읽고 분노와 동시에 슬픔을 느꼈다. 이런 태도는 '반反지성' 그 자체라고 할 수 있다.

물론 이런 현상이 우리나라만의 문제는 아니다. 최근 미국 하버드대에서 "나도 하버드생이야(I, too, am Harvard)" 운동이 전개되어 미국 대학가에 파문을 일으켰다.[2] 2학년생인 키미코 마쓰다-로렌스 씨가 일부 오만한 백인 학생으로부터 "글은 읽을 줄 아냐(Can you read)?"라는 모욕을 받은 것이 계기가 되어 이 운동이 시작됐다. '흑인 학생들이 지적 능력은 모자라지만 적극적 차별시정정책affirmative action 덕분에 하버드에 입학했다'는 편견에 항의하기 위함이었다.

이 정책은 1961년 케네디 대통령에 의해 시작된 것이다. 신입생을 선발할 때 역사적·사회적으로 소수자 또는 약자였던 계급, 계층, 집단에게 일정한 우대를 하여 공정성을 갖자는 취지였다. 실제로 이 정책은 대학의 창의성과 다양성 강화 및 사회통합 신장이라는 성과를 거두어왔다. 물론 백인 상류층 등 미국 주류집단 학생이나 학부모들 중 일부는 이 정책이 '역차별'이라며 반발했지만, 이 정책은 현재까지 이어지고 있다. 실제 이 정책으로 뽑힌 사람들은 자신이 처한 환경과 기회 안에서 최고 성과를 이룬 학생들이었고, 졸업 후에도 각 분야의 지도자로 활약하고 있다.

고교 졸업 시 성적우수자들의 재능과 노력은 그 자체로 인정되어야 하지만, 학문 연구와 지도자 육성이라는 역할을 수행해야 할 대학은 성적우수자들의 독점물이 아니며, 그래서도 안 된다. 학문은 인간과 사회에 대한 이해에서 출발한다. 다양한 계급, 계층, 집단의 경험, 이익, 꿈, 고통을 이해하지 못하고 제대로 된 학문이 될 리 없다. 대학이 성적우수자들만의 '동종교배' 집단으로 변질될 때 그 대학 출신이 사회통합을 이루어낼 지도자로 성장할 리 없다. 대학은 계층의 상승을 보장하는 통로이기도 하지만, '큰 공부'를 통해 '큰 사람'을 만드는 곳이기도 하다. '큰 사람'이 되려면 '너른 가슴'과 '따뜻한 가슴'이 필수적이다. 대학이 고교 졸업 시 우수했던 성적을 뽐내는 데 급급한 학생들이 모여 '실력'보다 '연고'를 쌓는 장소로 전락한다면 재앙 중의 재앙이 아닐 수 없다.

'지역 · 기회균형선발'에 반대하는 사람들에게 묻고 싶다. 당신이 '지역 · 기회균형선발' 학생의 환경에 처해 있었다면 어느 정도 성적을 낼 수 있었겠느냐고, '지역 · 기회균형선발' 학생이 당신의 환경에서 살았더라면 또 어느 정도 성적을 낼 수 있었겠느냐고, 또한 '지역 · 기회균형선발'로 입학한 학생이 부럽다면 현재 누리고 있는 환경을 완전 버릴 의향이 있느냐고.

미국 최고 명문 사립대 중 하나인 애머스트 대학의 앤서니 마르크스Anthony Marx 총장은 명문대일수록 저소득층 학생을 더욱더 많이 선발해야 한다고 강조한 바 있다. 그는 SAT 과외를 받고 이 시험을 한 번 이상 치는 부유층 학생과 '세븐일레븐'에서 알바를 해야 하는 학생을 같은 기준으로 볼 수는 없다면서 다음과 같이 말했다. "우리〔명문대〕는 아메리칸 드림의 일부라고, 또한 실력과 기회와 재능에 기초한 체제의 일부라고 주장한다. 그런데 위로부터 3분의 2의 학생이 상위 4분위에서 오고 오직 5%의 학생만 하위 4분위에서 온다면, 우리는 확장되고 있는 경제적 격차economic divide의 해결책의 일부가 아니라 그 문제의 일부이다."[3]

'지역·기회균형선발'로 선발된 학생들의 입학 시기 성적은 특목고나 서울 강남 명문고 출신이 많은 '수시·특기 선발' 학생의 성적보다 못하다. 그러나 전자의 사회·경제적 환경을 고려할 때 전자의 성적은 충분히 우수하다. 그리고 대학에서 전자가 졸업할 때의 성적이 후자가 졸업할 때의 성적보다 높다는 것이 확인됐다.

공부는 누구에게나 필요하다. 그러나 10대 청소년 시절에 받은 학교 성적의 결과가 이후 인생 전체를 옭아매는 체제는 바뀌어야 한다. 중학교 졸업 시 특목고, 자사고, 국제고 등에 입학하지 못하면 '1차 패배자', 고교 졸업 시 'SKY 대학'에 입학하지 못하면 '2차 패배자'로 아이들을 몰고 가는 사회가 어찌 정상이란 말인가. 끊임없이 여러 가지 방법으로 사회구성원에게 '패자부활전'의 기회를 주는 사회야말로 제대로 된 사회다.

성적을 위한 공부든, 세상을 알기 위한 공부든, 끊임없이 공부하는 자를 이길 사람은 없다. 그래서 더욱, 공부하는 인간이 되기를 바란다는 점에서, 모두가 공평하게 공부하고 공정하게 경쟁할 수 있는 여건을 마련해주는 일이 중요하다.

내가 가야 할 길을
스스로 선택하는 것

　내가 법대로 진학한 것은 호기심 때문이었다. 나는 논리적 사고로 뭔가를 풀어가는 과정에 강한 흥미를 느꼈다. 당시 성적 좋은 학생들이 법대에 진학하는 분위기가 있어 그 영향을 받은 점도 있을 것이다. 하지만 법대 진학을 확신하게 된 데에는 사소하지만 의미 있는 계기가 있었다. 바로 TV 드라마 「하버드 대학의 공부벌레들」The Paper Chase, 1973이다. 나는 이 드라마를 본 후 논리적 토론을 벌이고 공부하는 것에 로망을 느꼈다. 어쩌면 다른 모든 이유보다 이것이 먼저였는지 모른다. 수학을 좋아했던 나로서는 논리적인 사고를 바탕으로 하는 법학 수업 장면이 마치 수학 문제를 풀어가는 것처럼 흥미로워 보였다.

　그래서 법대에 들어갔다. 그러나 대학 분위기는 영화 속

모습과 전혀 달랐다. 특히 1980년대 전두환 독재정권의 폭압을 접하면서 법학 공부에 대한 관심이 뚝 떨어졌다. 대신 나는 사회과학 세미나에 푹 빠졌다. 학점도 받을 수 없는, 게다가 '불온서적'을 공부하는 것이었지만 피곤하거나 힘들다고 느껴본 적이 별로 없었다. 오히려 선후배, 동기들과 대안 사회에 대해 공부할 때는 흥미와 열정이 넘쳐났다.

공부는 내적 동력이 생겨야 불이 붙는다. 그렇지 않고서는 아무리 옆에서 닦달을 해도 안 된다. 대학 시절 주위에서 사법고시를 보라는 요구가 많았지만 거기에는 전혀 관심이 생기지 않았다. 그런데 전공도 아닌 사회과학 공부는 내가 스스로 찾아가며 몰두했다. 매년 여름방학에는 농촌활동을 갔고, 겨울방학에는 빈민촌 체험활동을 했다. 이 시간이 헛되었을까? 전혀 아니다. 오히려 이후 본격적으로 법학을 공부하는 데에 엄청난 도움을 주었다. 법을 인간과 사회와 연결시키고 다른 학문의 성과를 법학에 반영하는 연구방법론을 세울 수 있었던 것은 당시의 공부와 경험 덕이다.

권위주의 체제가 바라는 인간상은 군인이나 공무원이었다. 단기간에 급속한 경제성장을 이루기 위해서는 그런 유형의 사람이 필요했을 것이다. 상명하복의 정신을 체화하고 일사불란하게 움직이면서 위에서 정해준 자신의 역할에만 충실한 사람. 하지만 지금은 다르다. 다들 개성과 창의력 있는 인재가 필요하다고 이구동성으로 말하고 있지 않는가.

'강남'을 세계적으로 알린 가수 싸이의 6집 음반에서는 「강남스타일」이 가장 유명하다. 그런데 같은 앨범에 「청개구리」라는 노래가 있다. 이 노래 가사는 그의 자전적 이야기이기도 한데, "살면서 가장 많이 들었던 말 '너 그러다 뭐 될래', 살면서 가장 많이 하고픈 말 '내가 알아서 할게'"라는 구절이 들어 있다. 어릴 때부터 어른들이 "넌 도대체 커서 뭐가 될래?"라고 걱정하거나 놀렸다는 것이다. 싸이는 사회의 기준에서 보면 '모범생'이나 '우등생'은 아니었다. 그러나 그는 주위의 우려에도 불구하고 보란 듯이 엄청난 성공을 거두었다. 본인 말마따나 군대도 두 번이나 가야 했고 이런저런 물의를 일으킨 전력도 있지만 그는 요즘 한국에서, 아니 세계에서 가장 뜨거운 인물로 주목받고 있다.

그러나 아직까지도 우리는 아이들에게 구시대적 인재상을 강요하고 있는 것 같다. 청소년 시기까지는 좋은 대학에 진학하는 것, 대학 입학 후에는 안정된 정규직 직장을 가지는 것만이 삶의 목표인 것처럼 말한다. 아이들은 자신이 무엇을 좋아하는지 어떤 소질이 있는지 생각하거나 느껴보지도 못하고 성적과 학점을 관리하고, 스펙을 쌓고, 각종 자격증을 따느라 여념이 없다. 자분히 시집 한 권, 인문학 책 한 권 읽기도 힘들고, 세상 돌아가는 것에 관심을 가질 여유도 없다.

한 교사 가족의 세계 여행 이야기는 매우 인상적이었다. 22년간 근무한 교직을 그만두고 중고생 아들딸도 학교에서 중퇴시킨 옥봉수, 박임순 부부 이야기다. 이 부부는 퇴직금으로 2년 반 동안 세계여행을 떠난다. 이들은 세계를 돌며 많은 것을 보고 체험하면서, "학력이 아닌 실력, 학벌이 아닌 능력"이 중요하다는 것을 확신한다. 귀국 후 아이들은 자신이 하고 싶은 일을 하기 위해 누구의 강요도 아닌 자신의 의지로 다시 공부에 몰두한다. 직접적인 경험을 통해 뭔가 하고 싶다는 목표를 찾고, 그 목표를 달성하려고 스스로 공부한 것이다. 그들은 바로 대학에 진학하지 않고 적성에 맞는 일을 찾아 경험을 쌓는 길을 택한다. 긴 인생에 비추어볼 때 2년 반은 아무것도 아니다. 세계여행을 통해 아이들은 평생의 자양분을 얻었을 것이다.

또 《오마이뉴스》 오연호 대표가 쓴 덴마크 탐방기를 읽다가 눈이 번쩍 뜨인 것이 있었다. 덴마크에서는 많은 청소년들이 고등학교 입학 전 1년 동안 이전에 다니던 학교에서 나와 '애프터스쿨'이라는 인생설계학교에 다닌다. 종합교육을 하는 곳도 있고, 체육이나 예술 분야에 집중하는 곳도 있는데, 학생들은 여기서 자신이 무엇을 좋아하는지 찾고 어떤 인생을 살 것인지 설계한다. 축구전문 애프터스쿨 교장선생님의 말은 평범하면서도 중요한 진리를 포함하고 있다.

"덴마크인들은 내 인생을 어떻게 살지 여유를 두고 스스로 선택합니다. 국가와 사회는 그런 환경을 보장해줍니다. […] 저는 지망생을 인터뷰할 때 어느 정도 잘하는지, 포지션이 어디인지 안 물어봅니다. 대신 얼마나 축구를 좋아하는지, 매일 아침 8시에 축구 연습을 할 수 있는지를 물어보지요."[4]

이런 인생설계학교는 대학 입학 이전에도 있다고 한다. 이런 과정을 통해 덴마크 사람들은 진정 자기가 좋아하는 것을 찾아내고 그것을 직업으로 택할 수 있다. 2012년 유엔 행복보고서에 따르면 덴마크의 행복지수는 조사대상 156개국 가운데 1위였다(한국은 56위). 이러한 덴마크 행복지수 1위의 비결 중 하나는 바로 자신이 좋아하는 것을 택하고 살 수 있는 환경이 갖추어져 있다는 것이다.

이 소식을 들으며, 우리나라도 고등학교 입학 전후 6개월에서 1년 정도 입시 공부에서 자유롭게 해방되어 자신의 흥미와 소질을 돌아보고 실험할 수 있는 제도가 도입되면 좋겠다는 생각을 했다. 다행히도 2014년부터 우리나라에도 중학교에 '자유학기제'가 도입되기 시작했다. 중학교 3년 중 한 학기 동안 중간·기말고사 없이 학생들이 자신의 꿈과 끼를 찾아나갈 수 있도록 하는 교육과정이다. 이 제도가 널리 확산되길 진심으로 희망한다. 그리고 이것이 강수돌 교수가 제안하는 "원

탁형 사회", 즉 "시인학교, 기술학교, 애니메이션학교, 뮤지컬학교, 발명학교, 학문학교, 농부학교, 목공학교, 생태건축학교 등이 평등한 위상을 차지하는 사회, 그리고 각 영역별로 일정한 기준을 달성하고 나오는 사람들에게는 비슷한 대우를 해주는 사회, 그리하여 모든 사람의 개성을 자유롭게 살리면서도 서로 평등하게 존중하며 사는 사회"를 만들기 위한 작은 첫걸음이 되기를 소망한다.[5]

세상에는 우리가 미처 알지 못하는 재미난 것, 즐거운 것, 신기한 것, 의미 있는 것, 영감을 주는 것들이 매우 많다. 이런 것들을 경험할 때 우리는 인생의 목표를 제대로 세울 수 있을 것이다. 우리나라는 이런 것을 체험하게 하는 제도와 문화가 너무 취약하다. 정해진 트랙만 뱅글뱅글 달려야 하는 경주마로 살면 푸른 초원 위를 달리는 야생마의 삶을 상상할 수 없다. 내가 정말 잘할 수 있고, 또 좋아하는 게 뭔지 알아야 공부의 목표가 분명해지고 그 과정에 신이 난다. "그건 안 돼! 이걸 해야지!"라고 강요하는 사회에 길들여지면, 세상 모진 풍파를 견뎌낼 내적 동력도 사라지고 그 너머를 꿈꾸는 상상력도 사라질 수밖에 없다.

물론 현재 우리나라에서 가족 전체가 1년 여행을 떠나는 것은 쉽지 않다. 덴마크식 '인생설계학교'가 제도화되는 것도 멀어 보인다. 이제는 대학에서 학생운동도 사그라진 상태다.

수많은 청춘들이 도서관, 교실, 독서실 등에서 하루의 대부분을 보내고 있음을 잘 안다.

그럼에도 나는 청춘들에게 가능한 많은 곳을 돌아다니며 많은 것을 보고 느끼면서 자신의 마음속을 들여다보길 권한다. 굳이 거창하고 멋진 여행지일 필요는 없다. 도서관이나 교실에서 나와 동네 골목길을 걸으면서도 체험은 가능하다. 가까운 재래시장의 시끌벅적함도 좋다. 보고 듣는 체험들이 쌓이면 감성과 상상력이 발달하고, 나아가 자신의 미래까지 설계할 수 있게 된다. 대학생도 마찬가지다. 자신이 평생 흥미를 느끼며 잘할 수 있는 것이 무엇인가 생각해야 한다.

그리고 한 달에 한 권, 아니 두 달에 한 권이라도 인문사회과학 책 읽기를 권한다. 학교 도서관, 시립 또는 국립도서관에는 방대한 양의 좋은 책이 청춘들을 기다리고 있다. 한 권의 책으로도 내면의 상처가 치유될 수 있다. 한 권의 책으로도 정신적 충만감을 느낄 수 있다. 한 권의 책으로도 현실을 뛰어넘는 비전과 계획이 시작될 수 있다. 그리하여 한 권의 책으로도 인생이 바뀔 수 있다. 인문학 책이 어렵다면 부담이 덜한 만화도 좋다. 사실주의 만화의 대부 이희재 선생은 전남 완도에서 배를 타고 더 들어가야 도달하는 신지도에서 나무를 해 무서운 시세에 시고 집을 오가는 유년시절을 보냈다. 이 섬 소년은 간간이 섬에 들어오는 만화책 한두 권을 보며 꿈과 상상력을 키웠다. 그는 눈앞의 바다를 보며 『일리아드』와 『오디세이』 의 배경이 되는 만화의 한 장면을 상상했다고 한다. 소년은 한 두 권의 만화책을 통해 시간과 공간을 넘어섰던 것이다. 그리고 그 만화 몇 권이 소년의 삶을 바꿨다. 지금 당장 서점으로, 도서관으로 달려가라!

젊은이들이 제일 먼저 할 일은 마음속의 별을 찾는 것이다. 내가 무엇을 좋아하고, 또 무엇에 기뻐하는지 생각해보면 그 별로 가는 길을 찾을 수 있을 것이다. 내 마음속의 별이 아니라 남의 별빛을 따라 가다가는 추락하는 유성이 될 가능성이 높다. 옆의 친구가 잘나 보여 따라간다는 게 그만 길을 잃을 수도 있다. 예상치 못한 어려움을 겪게 됐을 때 쉽게 포기할 수도 있다. 그래서 나는 가급적 젊은 세대들에게 자기의 마음을 들여다보는 시간을 가지라고 한다. 그러고 나서 바깥세상을 보면 자신의 위치와 앞으로 가야 할 길이 『이상한 나라의 엘리스』의 노란 벽돌 길처럼 선명하게 나타날 것이다.

학생은 '나'를 찾아가는 '유목민'이 되어야 한다

직업이 교수라서 내가 공부를 무척 좋아할 거라고 생각하는 이들이 많다. 맞다. 나는 공부가 좋다. 특별한 일이 없으면 매일 연구실에 나와 책과 논문을 읽고 생각하고 정리하는 것이 일상이다. 이렇게 죽을 때까지 공부를 계속하고 싶다.

많은 학생들이 성적 경쟁에 치여 하루의 대부분을 책상머리에서 보내고 있는 것을 잘 안다. 이들 대부분에게 공부란 하기 싫은, 강제적인 무엇일 것이다. 그래도 나는 학교 공부가 중요하지 않다고 말하고 싶지는 않다. 분명 그것을 통해 배울 수 있는 것이 많다.

입시용 공부든 다른 것이든 학생들에게 공부는 필요하다. 가장 예민하게 세상을 흡수하는 때이기 때문이다. 학생은 '룸

펜'이 아니라 자유롭고 창조적인 사람, 끊임없이 새로운 자아를 찾아가는 '유목민'이어야 한다. 남이 시켜서가 아니라 스스로 계획하고 실천하는 것을 습관화하는 것이 좋다. 자기 판단으로 목표를 정하고 즐겁게 뛰는 '경주력競走力'을 키워야 한다. 물론 현실은 불공정하다. 노력한 만큼 얻지 못할 수도 있다. 그러나 불공평한 출발선 때문에 승리하지 못했더라도 다음 경주에서 이길 수 있는 기반을 마련할 수 있다. 이를 통해 출발선을 새로 그을 수 있는 시각과 전망을 얻을 수도 있다. 이러한 경험은 험난한 세상을 살기 위해 꼭 필요한 능력이 된다.

앞서 학교 공부가 중요하다고 했지만, 성적이 좋으면 우월한 존재고 성적이 나쁘면 열등한 존재라는 생각, 또는 공부를 못하면 미래가 없다는 사고방식에는 전혀 동의하지 않는다. 학교 공부는 살아가면서 접하게 되는 다양한 공부 중의 하나일 뿐이다.

나는 2001년 말 서울대에 부임했다. 그때부터 지금까지 내 수업을 듣는 학생들에게 종종 "과거에 전교 1등 안 해본 학생 있나요?" 하고 묻는다. 당연히 한 명도 없다. 서울대 법대를 들어올 성적이면 저마다 학교에서 몇 번은 전교 1등을 해봤을 테니까. 학생들이 질문의 의도를 몰라 의아해할 때쯤, 나는 다시 묻는다.

"여러분 모두 학교 공부에 자신이 있을 겁니다. 그럼 여러

분처럼 공부 잘해서 서울대 법대를 졸업한 대법관, 검찰총장, 변호사, 교수 등의 선배들과 공부와는 거리가 멀었을 것 같은 조용필, 김기덕, 송강호, 김제동 같은 사람들 중 누가 더 성공했다고 볼 수 있을까요? 또 어느 쪽이 더 사람들을 행복하게 만들었을까요?"

그러면 학생들 표정은 떨떠름해진다. "명색이 법학교수면서 법률가의 역할은 무시하는 건가?" 하고 기분 나빠 하는 학생도 있다.

나도 공부를 잘한 축에 속했다. 학교 공부를 잘한다는 것은 능력이다. 또한 이를 위해 바친 노력 역시 인정받아야 한다. 그렇지만 현대 정의론의 대가 존 롤스John Rawls의 통찰을 빌리자면, 공부 잘하는 능력이나 공부에 집중할 수 있는 배경을 가진 것은 '자연의 복권natural lottery'에 당첨되었기 때문이다. 그리고 종종 좋은 성적이 인격, 도덕성, 성공, 행복 등과 직결되는 것처럼 아이들을 바라보는 시선은 불편하다. 학교 공부에서 두각을 나타내지 못해도 훌륭한 인품을 갖추고 행복한 삶을 사는 사람은 많다. 학교 공부가 아닌 각기 다른 분야에서 능력을 발휘해 정상에 오르고 남들에게 기쁨과 행복을 주는 사람도 많다. 조용필과 김기덕은 대학 졸업장이 없고, 송강호와 김제동은 지방의 전문대를 졸업하지 않았던가.

교수로서 나의 교육철학은 단순하다. 개인이 자신의 소질,

취향, 능력, 재능을 최대한 발휘하도록, 동시에 타인을 존중하도록 키우는 것이 교육이다. 사람들마다 제각각 다른 색깔을 지녔으면 좋겠다. 유행 따라, 겉멋 따라 모두가 똑같은 옷을 입는 것은 개성이 아니다. 우리는 모두 서로 달라야 한다. 직업이 다르고 꿈이 달라도 각자의 열정을 인정해주고 손을 잡고 어깨동무한다면 그만큼 우리 사회는 더 다양해지고 생기 있고 활력 있는 사회가 될 것이다.

누군가 각종 국가고시를 합격한 정치인을 두고 "시험으로 대통령을 뽑는다면 분명 대통령이 됐을 것"이라고 말했다. 해당 정치인을 칭찬하기 위한 말인지는 모르겠으나, 대통령을 시험으로 뽑는다면 그 세상은 매우 끔찍할 거라고 생각한다. 특히 '명문대'에 다니는 학생들이 이런 생각을 한다면 재앙에 가까울 것이다. 학교 공부를 잘하는 사람과 학교 공부는 못하지만 다른 분야를 잘하는 사람은 똑같이 우수하고 소중하다.

우리 모두는 '공부하는 인간Homo Academicus'이어야 한다. 여기서 '공부'는 '학교 공부'를 포함하지만, 그것만 의미하는 것은 아니다. 좀 더 넓은 삶의 공부를 뜻한다. 앞서 말한 것처럼 학력과 상관없이 누구나 최고 수준의 '공부하는 사람'이 될 수 있다. 불행히도 우리 사회에서는 삶을 배우고 공부하는 사람이라는 의미를 갖는 '학생'은 "얼른 졸업해야 할 피곤한 청소년기의 다른 이름"이 되어버렸다.[6] 그리하여 대학을 졸업하고 취업을 하고 나면 공부와는 담을 쌓는 경우가 많다. 철학자 이진경의 말처럼, "한국은 '젊은 노인의 사회'다."7 "공부=입시"라는 공식에 오랫동안 시달렸기 때문이리라.

하루하루의 삶이 전쟁이라고 느끼는 사람들은 오히려 공부는 의무가 아니라 권리이자 특혜라고 말할 것이다. 아니, 사치라 생각할지도 모른다. 먹고사는 생업은 정말 중요하다. 그런데 그 전쟁 같은 삶을 어떻게 벗어날 것인가를 생각해보아야 한다. 생업에 충실하기만 하면 벗어날 수 있을까? 왜 삶이 전쟁이 됐는지 알아야 한다. 다른 삶의 방식이 가능한지 공부해야 한다. 그 삶의 방식을 어떻게 이룰 수 있을지도 찾아봐야 한다. 흥미롭지 않은가! "배우고 틈틈이 익히면 또한 즐겁지 아니한가!學而時習之 不亦說乎, 논어" 생업에서 성공하기 위해서도 공부해야 함은 물론이다. 치열한 삶 속에서 행복을 찾기 위해 공부를 해야 함도 물론이다. 성적을 위한 것이든, 먹고살기 위한 것이든, 세상을 알기 위한 것이든 끊임없이 공부하는 자를 이길 사람은 없다. 어떤 직업을 가지고 무엇으로 먹고살건, 공부할 때 즐거워지고 행복해진다. 공부는 바로 자기 자신을 알아가는 과정이기 때문이다.

몰입할 수 있는
대상을 찾다

초등학교 4학년 교과서에도 소개되어 있는 이야기다. 이탈리아의 열네 살짜리 소년 정원사가 당대 최고의 가문인 메디치가에서 정원 꾸미는 일을 하고 있었다. 이 소년은 다른 정원사들이 쉬거나 잡담하는 동안에도 일을 게을리하지 않았다. 소년은 일을 마친 후에도 화분마다 꽃무늬를 조각해 아름다운 정원을 더욱 운치 있게 바꾸어놓았다. 어느 날이었다. 소년은 늘 그렇듯 정원에 혼자 남아 화분에 꽃무늬를 조각하느라 땀을 뻘뻘 흘리고 있었다. 마침 정원을 산책 중이던 주인이 그 모습을 보고 다가와 정원만 가꾸면 되지 돈을 더 주지도 않는데 왜 조각까지 하느냐고 물었다. 그러자 소년은 땀을 닦고 싱긋 웃으며 이렇게 대답했다.

"이 정원을 멋지게 가꾸는 게 제 일입니다. 화분에 조각하는 것도 정원을 가꾸는 일입니다. 더군다나 저는 이 일이 매우 재미있습니다."

주인은 어린 소년의 대답에 감탄했고, 그의 손재주가 비범하다는 것을 알고는 그때부터 후원하기 시작했다. 소년 정원사는 당대 최고의 가문으로부터 후원을 받으면서 조각 실력을 키웠고, 마침내 르네상스 시대의 대표적인 조각가가 될 수 있었다. 그의 이름은 바로 미켈란젤로Michelangelo.

미켈란젤로의 재능은 천부적이라고 한다. 하지만 결코 타고난 재능만이 전부가 아님을 그의 어릴 적 일화에서 잘 알 수 있다. 그는 자신이 하는 일을 좋아했다. 그리고 정원을 힘든 노역의 공간으로만 생각한 게 아니라 자기 재주를 살릴 수 있는 재미있는 곳으로 여겼다. 밋밋한 화분을 들여다보며 '여기에 예쁜 무늬를 새기면 어떨까?', '어떤 무늬가 이 화분에 어울릴까?' 같은 호기심이 발동하자, 휴식 시간을 이용해 화분에 꽃 무늬를 조각하기 시작했다. 결국 미켈란젤로는 그의 호기심과 노력으로 최고의 예술가가 되어 역사에 이름을 남겼다. 행운에 기대거나 누군가 도와주는 것만으로는 불가능했을 것이다.

"나는 사람들의 마음을 알아보고 싶었다. 하늘의 별이 왜

반짝이는지 알고 싶었다. 그리고 삼라만상의 유전流轉 너머에서 수數들이 힘을 발휘한다고 설파한 피타고라스를 이해해보고자 했다."⁸

이는 세계적인 수학자이자 진보적 지식인이었던 버트런드 러셀Bertrand Russell의 말이다. 이렇듯 공부의 출발은 호기심이다.

어린 시절 나에게도 호기심을 푸는 과정이 곧 학교 공부였다. 나는 이 과정을 즐겼다. 아마 호기심이 없었다면 그것을 채우는 과정도 없었을 테고, 당연히 공부는 죽어도 하기 싫은 무엇이 됐을 것이다. 예컨대, 눈앞에 벌어지는 사회의 모습이 이해되지 않아 책을 읽었고 그곳에서 자연스럽게 사회의 속살을 보았다. 세상에 관심이 많았던 탓에 사회와 역사 과목을 좋아했다. 물론 학교에서 배우는 사회 교과서의 내용은 너무 뻔해서 지루했다. 그러나 교과서와 눈앞의 현실을 비교하며 읽으면 나름의 묘미를 느낄 수 있어 흥미로웠다.

수학도 무척 좋아했다. 정확하고 거짓 없는 정직한 학문이기 때문이다. 논리적으로 추론하고 공식을 활용하면 정확한 답이 나오는 명확함에 매력을 느꼈다. 인문사회 분야는 같은 사실을 두고도 가치관에 따라 전혀 다른 주장이나 결론이 도출된다. 반면 수학은 정확한 풀이과정을 거치면 하나의 답이 나온다. 어려운 수학 문제를 풀다 보면 정답에 이르는 일련의 과정에서 마치 미로를 헤쳐나가며 출구를 찾는 듯한 짜릿함이 느껴졌다. 문제풀이에 몰입하면 시간 가는 줄 몰랐다. 어려운 수학 문제를 풀고 나면 마치 남들은 이해하지 못하는 세상을 나 혼자만 알게 된 것 같이 황홀했다. 이후 데카르트René Descartes의 『방법서설』에서, "나는 특히 수학에 마음이 끌렸는데, 이것은 그 근거의 확실성과 명증성明證性 때문이었다" [9]를 발견했을 때 깊이 공감할 수 있었다. 그뿐만 아니다. 정확한 답을 구하는 훈련이 저절로 되어 논리적 사고가 몸에 배었다.

학교 공부를 포함한 공부는 얼마나 몰입을 하느냐에 따라 결과가 달라진다. 처음에는 결과가 미흡하게 나오더라도 몰입의 경험을 얻었다면 아쉬워할 필요가 없다. 한 번 몰입을 경험하면 또 다른 배움에도 쉽게 몰입할 수 있기 때문이다.

초등학교 이후 청소년 시절 소설 읽기에 빠졌다. 손바닥만 한 크기의 '삼중당 문고' 책을 매일 들고 다니며 휴식 시간은 물론 수업 시간에도 읽었다. 소설가 장정일의 이 시「삼중당 문고」[10]에서 묘사했던 바로 그 '삼중당 문고' 말이다.

열다섯 살,
하면 금세 떠오르는 삼중당 문고
150원 했던 삼중당 문고

수업 시간에 선생님 몰래, 두터운 교과서 사이에 끼워 읽었던 삼중당 문고

〔…〕

경제개발 몇 개년 식으로 읽어간 삼중당 문고
급우들이 신기해하는 것을 으쓱거리며 읽었던 삼중당 문고
표지에 현대미술 작품을 많이 사용한 삼중당 문고
깨알같이 작은 활자의 삼중당 문고
검은 중학교 교복 호주머니에 꼭 들어맞던 삼중당 문고
쉬는 시간 10분마다 속독으로 읽어 내려간 삼중당 문고

어려운 내용도 많았지만 읽고 또 읽었다. 한 권 한 권 독파해나갈 때마다 새로운 세상을 접했다. 인간과 사회에 대한 깊고 넓은 시각을 얻을 수 있었다. 입시 공부의 스트레스도 해소되었다. 머리를 빡빡 깎고 검정 교복을 입고 입시 공부를 해야 했던 나에게 독서는 최고의 해방구였다.

더 어린 시절에는 프라모델 조립에 몰입했다. 초등학교 시절 용돈을 모아 제2차 세계대전 시기 미국과 독일 군장비와 군인 모델을 사서 조립하는 데 푹 빠졌다. 조립을 끝내고 나면 에나멜 물감으로 색칠하며 혼자만의 스토리를 상상하기도 했다. 조립과정은 아주 세밀한 주의를 요구하는 것이라서 몰입 정도가 대단했다. 조립하다 망가뜨리거나 색을 잘못 칠하면 안 되

니 저절로 집중이 될 수밖에 없었다.

딸아이의 예도 소개하고 싶다. 그 아이는 청소년 시절 드럼에 빠졌다. 맨 처음 악기를 선택할 때 나는 별 생각 없이 남들이 주로 선택하는 바이올린을 추천했다. 꽤 오래 연습하더니 더 이상 하기 싫다고 했다. 재미없다는 이유로 바이올린을 거들떠보지도 않았다. 아무리 하라고 해도 안 하니 악기 값이 아까워 화를 낸 적도 있었다. 그러다가 바이올린이 싫다면 플루트를 하면 어떻겠냐고 했더니, 역시 싫다고 했다. 더 어릴 때 배운 피아노도 관심 밖이었다. 그러더니 어느 날 갑자기 드럼을 배워 록밴드에 들어가겠다고 선언했다. 그게 재미있어 보인다는 것이다. 누가 시키지도 않았는데 시간을 내어 학원을 다니며 열심히 배우고 익히는 게 아닌가. 나중에는 공연을 하는 데까지 이르렀다. 딸아이는 전문적 드럼 연주자가 되진 못했다. 드럼을 연습했던 시간에 학과 공부를 했다면 세속적 서열상 더 높은 대학에 진학했을지도 모른다. 그러나 나도 딸아이도 드럼에 빠져 보낸 시간이 헛되었다고는 생각하지 않는다. 자신이 좋아하고 잘하는 것을 찾아 몰두하면서 행복감을 경험하는 것은 삶에 큰 자양분이 된다. 그리고 그것이 에너지가 되어 이후 자신의 진로를 찾고, 그 길을 나아갈 때도 더 열정적으로 임하게 된다.

청소년 시기 몰입의 경험은 매우 소중하다. 열정을 뜻하는 'Enthusiasm'은 들어온다는 뜻의 'En'과 신이라는 뜻의 'Thoe'가 합쳐진 단어다. 신이 들어온다는 것은 말 그대로 신들릴 정도의 경지에 빠진다는 뜻이다. 몰입과 열정은 이처럼 한 쌍의 수레바퀴다. 이 수레바퀴를 제대로 굴리려면 재미라는 동력이 있어야 한다. 그리고 몰입의 성취도는 한번 맛들이면 쉽게 헤어나지 못한다. 그 성취감으로 다시 몰입하게 되는 선순환이 이루어지기 때문이다.

스펙을 빼고 나면…
나는 누구인가

학력과 경력을 빼버리면 내게 무엇이 남을까? 쉰줄에 접어든 중년 남성이 덩그러니 남아 있을까? 아니다. 나는 가슴을 두근거리게 만드는 일에 도전하는 사람, 사회에 어떤 문제가 있는지 관심을 놓지 않는 사람, 그리고 긍정적 변화를 꿈꾸고 노력하는 사람, 나를 알아가기 위해 끊임없이 공부하기를 즐기는 사람이다. 마지막으로 삶을 돌아봤을 때 그래도 후회 없이 살았다고, 뿌듯해할 수 있기를 진심으로 원한다.

제2차 세계대전 때 유대인들은 그들이 수천 년 동안 받았던 박해가 무색하리만큼 생존의 위협을 받았다. 독일 나치 정권은 유대인이라는 민족을 지구 상에서 말살시키겠다며 강제수용소에 가둬놓고 강제노역을 시키고 독가스로 죽이는 등 반인도적인 범죄를 저질렀다. 이때 빅터 프랭클Viktor Frankl이라는 오스트리아 출신의 유대인 정신과의사도 아우슈비츠에 끌려갔다. 수용소에 있던 유대인들 대부분은 살아남지 못했다. 독가스나 총살의 위협을 가까스로 피한 사람들도 자신의 처지를 비관하며 시름시름 앓다가 목숨을 잃고 말았다. 하기야 물조차도 하루에 한 잔만 배급되는 상황에서 살아남기란 거의 불가능했으리라.

빅터 프랭클은 이런 악조건에서도 기어이 살아남았다. 아무리 비참한 상황에 처해 있어도 자존감을 포기하지 않았기 때문이었다. 그는 물 한 잔으로 하루를 버텨야 할 때에도 절반만 마시고 나머지는 세수하기 위해 남겨두었고 유리조각으로 면도를 했다. 비록 수용소에 갇힌 몸이지만 인간의 존엄성과 품격을 잃지 않겠다며 자존감을 포기하지 않았다. 그리하여 연합군이 수용소를 해방시키러 올 때까지 생존했고, 이후 최고의 정신과의사가 된다.

이렇게 극단적인 상황을 예로 드는 것은 오늘날 많은 사람이 힘들어하기 때문이다. 다들 너무 힘든 나머지 위로를 받고 싶어 한다. 요즘 젊은 세대는 기성세대에 비하면 훨씬 더 다양한 머리 스타일이나 패션을 자랑하지 않는가? 그러나 그 화려한 머리카락 또는 옷 색깔 뒤에 있는 영혼은 어떤 모습일까? 무채색이 아닐까? 그 안에 상처받은 자존감이 숨어 있는 것은 아닐까? 그리하여 '힐링'이라는 단어가 유행어가 됐고 '힐링'을 해준다는 프로그램이 우후죽순 등장하고 있다. 마음의 상처를 위로할 만한 따스한 말을 들려주고 처진 어깨를 토닥토닥 두드려주는 것은 분명 필요하다. 또한 남들이 어려움을 극복했던 경험담을 들으면 힘도 난다.

그러나 이것만으로는 삶의 문제가 해결되지도 않고 자존감도 생기지 않는다. 많은 청년들이 취업을 목표로 스펙 쌓기에 뛰어든다. 높은 스펙이 인격이 되고 자존감의 증거가 되는 것처럼 말이다. 학점이나 토익TOEIC, 토플TOEFL, 텝스TEPS 등 외국어 성적 관리, 자격증 취득, 인턴십 등으로 정신없는 하루를 보낸다. 형편이 어려워 등록금과 용돈을 마련하기에 급급한 사람은 스펙 쌓을 시간도 없다. 그런데 모든 사회와 가정이 'SKY 대학'을 가라고 하고, 대학 진학 후에는 공무원이 되거나 대기업에 들어가라고 한다. "너는 뭘 좋아하니, 뭘 하고 싶니?" 등의 질문은 건성으로, 형식적으로 던질 뿐이다.

이렇다 보니 'SKY 대학' 진학, 공무원 시험 합격, 대기업 취업 등을 이루지 못한 수많은 젊은이들은 열패감을 갖게 된다. 앞길이 구만리 같은 청춘들이, 앞으로 다양한 분야에서 무한히 활약할 수도 있는 청춘들이 자신은 '루저loser, 패자'라는 생각을 가지게 된다. 그리하여 스스로를 비하하고 자기보다 저지가 못한 사람을 공격하기도 한다. 최근 문제가 됐던, '일베충'

이라 불리는 사람들의 몰상식한 행태도 이와 무관하지 않다.

그런데 이러한 스펙 경쟁으로 진정한 힐링이 될까? 스펙을 쌓을 능력과 환경 덕분에 경쟁에서 승자가 된 소수는 승리의 기쁨을 누릴 것이다. 그러나 그렇지 못한 다수는 큰 상처만 입을 것이다. 게다가 이 승자의 기쁨도 영속되지 않는다. 또다시 시작되는 무한경쟁에서 패자가 될 가능성은 언제나 상존한다. 다음 세대에서 자기 아이들이 승자가 될 보장은 없다. 그리하여 승자도 패자도 불안한 사회, 이게 바로 '스펙 사회'의 본질이다. 쇼펜하우어Schopenhauer의 말은 마치 지금의 한국 사회를 사는 사람들의 마음을 꼬집는 듯하다.

"무슨 일을 하더라도 사람들은 가장 먼저 남들의 눈치를 본다. 인생사에서 대부분의 고민은 남들이 하는 말과 행동 때문에 생긴다. 왜 우리는 그렇게 다른 사람들의 반응에 신경을 쓰는 걸까? 아마도 민감하고 쉽게 다치는 자존심이라는 연약한 감정과 내면에 깊이 숨어 있는 불안 때문이리라."[11]

그래서 많은 사람들이 취하는 태도가 냉소다. 멀리 떨어져 차갑게 바라보는 것으로 자신을 보호하려 한다. 이는 자존감이 약하다는 반증이다. 우리는 '이렇게 해도 된다'는 것의 허락을 받기 전에는 나서지 말아야 한다는 무언의 압력 속에서 자라난다. 그러나 자존감은 남이 아닌, 스스로가 허락하는 사랑의 시작이다. 존 롤즈는 "가장 중요한 선善"으로 자존감을 꼽는다. 그가 강조하는 자존감의 중요성과 그 결핍을 함께 짚어 볼 필요가 있을 것 같다.

"그것이 없이는 어떤 것도 할 가치가 없는 것으로 보이며, 또한 비록 어떤 것이 우리에게 가치가 있는 것일지라도 우리는 그것을 추구하고자 하는 의지를 갖지 못하게 된다. 모든 욕구와 활동은 공허하게 되고 우리는 무감각과 냉소에 빠지게 된다."[12]

진짜 힐링을 위한 첫 걸음은 스펙에 팔아버린 영혼과 자존감을 회복하는 것이다. 자존감은 자신이 소중한 존재이며 인생의 주인은 바로 나라는 인식에서 비롯된다. 신분, 지위, 재산, 학벌 등의 사회적 평가기준에 따라 자신을 평가하지 말아야 한다.

재일교포의 정체성을 다룬 영화 「GO」유키사다 이사오, 2001에서 주인공은 '재일교포'다. 그런데 주인공은 이런 호칭을 거부한다. "남들은 나를 '재일한국인'이라고 불러. 이런, 이건 누가 붙인 이름이야?"라며 불쾌해한다. 그리고 "사자는 자신을 사자라고 안 불러. 너희가 멋대로 붙인 이름이잖아!"라고 일갈

한다. 주인공은 코리안 재패니즈, 재일한국인, 조센징 등 여러 가지 호칭으로 불리지만, 분명 자신의 이름이 있다. 그래서 세상이 그를 보고 부르는 차별적인 호칭을 거부한다. 그 호칭을 받아들이는 순간, 그는 '나'가 아닌 어떤 부류에 속한 채 자존감 없는 존재로 전락하고 말기 때문이다.

같은 맥락에서 'ㅇㅇ집 자식'이나 'ㅇㅇ대 졸업생'은 '나'의 핵심이 아니다. 진정한 나는 남이 정해준 규정을 깨뜨릴 때 비로소 발현하고 성장한다. 자존감을 가지고 자신이 가장 하고 싶고 잘할 수 있는 것을 찾아가려 하면 '스펙 사회'는 그러지 말라고 할 것이다. 'SKY 대학' 진학과 대기업 취업만을 생각하라고 말할 것이다. 많은 사람들이 여러 가지 이유로 이 길을 선택한다. 누구도 그 선택에 대해 도덕적 비난을 가할 수는 없다. 중요한 것은 이 길이 아닌 다른 길을 선택하고도 당당하게 살아가는 사람이 더 많아져야 한다는 것이다. 현재 상황에서는 시간, 정력, 돈을 쏟아부어 스펙 관리를 해도 좋은 일자리를 구하기가 매우 어렵다.

그렇다면 발상의 전환이 필요하지 않을까. 학생들에게 잠시라도 수험서를 덮으라고 말하고 싶다. 그리고 입시나 취업 준비가 아닌 다른 무엇을 해보라고 권하고 싶다. 대학생이라면 1~2학기 정도 학업을 쉬더라도 하고 싶은 분야와 관련된 일에 푹 빠져보는 것도 대찬성이다.

최근 재밌게 본 영화로 「잉여들의 히치하이킹」이호재, 2013이라는 다큐멘터리가 있다. 영화 속에서 4명의 20대 '잉여' 청년들은 단돈 80만 원과 카메라 1대만 들고 무작정 유럽행 비행기를 탄다. 숙박업소나 식당 홍보영상을 찍어주면서 무료숙식을 제공받겠다는 희망을 갖고서. 온갖 어려움과 좌절을 겪지만 그들은 마침내 홍보영상 제작으로 유럽 호스텔계의 슈퍼스타가 되고, 이 과정을 찍은 다큐멘터리는 영화관에서 개봉된다. 이처럼 무모한 도전과 과감한 탈주가 필요하다!

2007년 지방대 공대를 나온 강성훈(25) 씨는 한국 IT 회사에 비정규직으로 취업한 지인들이 생계에 허덕이는 걸 보고 그런 일자리를 구하기 위해 각종 스펙을 쌓아야 하는 것에 의문을 품었다. 고민 끝에 강 씨는 대학을 그만두고 1년 6개월 정도를 공장에서 일하며 돈을 모아 일본으로 '워킹홀리데이'를 떠난다. 그는 말한다.

"한국에서 취업하려면 인생을 통째로 투자해야 한다. 들어갈 때 스펙에 엄청난 돈을 써야 하고, 취직을 해서는 장시간 노동을 해야 한다. 그러면서도 보상은 쥐꼬리다. 나는 사회가 그렇게 깔아놓은 레일 위에서 남들과 경쟁하고 싶은 마음이 전혀 없다."[13]

나는 저 나이 때 저 정도의 무모함을 가졌던가? 이 나이가 되어서 돌아보니 확실히 보인다. 젊을 때 가장 필요한 용기는 기성 체제가 "깔아놓은 레일"에서 벗어나는 것이다. 학점이나 어학 실력이 부족하지 않은데도 수십 번 이상 대기업 서류전형을 통과하지 못하는 젊은이라면, 몇 가지 취업용 스펙을 추가하기 위해 시간과 정력을 퍼붓는 것보다 차라리 한국의 '학벌'이 중요하지 않은 해외로 나가 도전해보면 어떨까.

맛 칼럼니스트로 맹활약하고 있는 박상현블로거 '취생몽사'이라는 고교 후배가 있다. "가장 인문학적인 음식평론가"[14]로 불리며, 부산《국제신문》에 「부산의 요리사들」이라는 글도 연재 중이다. 이와 별도로 규수 음식에 빠져 지난 10년 동안 일본 규슈를 60여 차례 방문하고는 최근 『일본의 맛, 규슈를 먹다』라는 맛깔나는 책을 냈다. 그의 대학 전공은 음식과 전혀 무관하다. 고교시절, 사회과학 책 읽기와 학생자치활동에 깊고 뜨겁게 빠졌던 그는 지방 소재 국립대를 졸업했다. 그러나 그는 자신이 뭘 하고 싶은지를 분명하게 알았다. 그리고 거기에 미쳤다. 이런 선택에 대한 사회적 인정은 스펙과 아무런 상관이 없다.

'스펙 사회'의 요구를 거부하고 재미와 의미를 찾을 수 있는 삶을 살 때 비로소 자존감을 지킬 수 있다. 이럴 때 몰입과 열정은 저절로 따라온다. 그러기 위해서는 내가 진정 원하는 것이 무엇인지를 알아야 한다.

타인의 눈이나 세간의 평가에 흔들리면 자존감도 흔들린다. 열정을 가지고 하고 싶은 일에 뛰어들 때 자존감도 단단해진다. 남들이 사는 대로 그대로 따라 사는 것은 서글픈 일이다. 공부를 해도 주위에서 한다니까 "친구 따라 강남 가듯" 공부하면 제대로 될 리가 없다. 흔들리는 청춘들과 함께 헨리 데이비드 소로Henry David Thoreau의 조언을 나누고 싶다.

"나는 누구에게 강요받기 위해 이 세상에 태어난 것은 아니다. 나는 내 방식대로 숨 쉬고 내 방식대로 살아갈 것이다. 누가 더 강한지는 두고 보도록 하자."[15]

진정한 '나'를 찾은 사람이 주체적 개인이 된다. 자신의 분야에 진정성을 가지고 꿈을 키워가는 열정은 우열을 나눌 수 없다. 주체적인 개인은 서로를 존중하며 연대한다. 주체적 개인의 연대는 진정한 '나'와 '나'의 어울림이다. 갖가지 색깔을 가진 개인이 어우러지는 무지개 같은 연대는 개인을 더욱 창조적으로 만들고 사회를 더욱 풍성하고도 다양하게 만든다.

'일류 인생'이
'일류 행복'을 주는 건 아니다

영화로 만들어진 프란츠 카프카Franz Kafka의 「심판」데이비드 휴 존스, 1993에는 주인공 요제프 K가 근무하는 직장 풍경이 나온다. 넓디넓은 사무실에 수많은 사람들이 똑같은 방향을 향해 앉아 있고, 오로지 타자 치는 소리만 들리는 장면이다. 옆 사람과의 잡담 따윈 생각할 수도 없을 만큼 무거운 분위기에서 일하는 사람들을 보고 있으면 마치 기계를 보는 듯 삭막하기 그지없다.

마치 우리의 현실 같지 않은가? 우리는 아이들에게 개성, 소질, 꿈보다는 정해진 길을 따라 앞만 보고 줄줄이 걸어가야만 성공할 수 있다고 말한다. 중·고교생에게는 학교 성적을 잘 받아서 'SKY 대학'에 가라는 지상 명령이 떨어진다. 대학생에게는 공무원 채용 시험이나 대기업 입사 시험을 준비하는 것이 성공의 지름길이니 허튼 것에 눈돌리지 말라고 말한다. 그 코스를 벗어나는 것은 낙오자가 되어 낭떠러지에 떨어지는 것이라는 위협도 뒤따른다. 아이가 춤꾼이나 요리사가 되겠다고 하면 많은 부모가 인상부터 찌푸릴 것이다. "소년이여, 야망을 가져라!"라는 말은 영어 교과서에 나오기 때문에 외워야 하는 문장일 뿐이다. 정답을 맞히는 식으로 똑같은 모습의 인재상을 요구하면 정작 뛰어난 인재는 파묻히고 만다. 레고 블록의 인형조차 똑같은 듯해도 제각각 다른 옷과 색깔을 갖고 있는데, 다양한 개성의 개인들을 스펙으로 줄 세우는 것은 참으로 야만적이지 않는가?

적어도 내 아이에게는 이런 말을 하고 싶지 않다. 아이에게 하나뿐인 인생이 온전히 자기의 것이라는 것, 충분히 다양한 색채로 삶을 꾸밀 수 있다는 것을 먼저 가르쳐주고 싶다. 우리 세대의 학창시절 또한 성적 우월주의가 팽배했기 때문에 더더욱 그런 사회를 물려주고 싶지 않다. 젊은이들이 꽃을 피우지 못하고 사그라질 수밖에 없는 것을 생각하면 마음이 답답해진다.

사실 80~90년대까지만 해도 대학 졸업생이면 쉽게 정규식으로 취직할 수 있었다. 대학생 수가 적었으므로 대학 졸업장이 큰 의미를 가졌고, 서울이건 지방대건 평생 직장으로 정규직에 취업하는 것이 그리 어렵지 않았다. 그러나 요즘은 다르다. 신자유주의 경제 정책의 필연적 결과로, 기업은 쉽게 쓰고 쉽게 버릴 수 있는 비정규직을 선호한다. 'SKY 대학' 졸업장만으로 취업이 보장되는 시대도 저물고 있다. 고교 졸업생 수가 대학 신입생 정원 수와 비슷해지고 있다. 2018년부터는 대학 정원보다 고교 졸업생 수가 16만 명 적게 된다. 대학이 사실상 '보통교육기관'으로 변하면서 대학 졸업장이 큰 의미가 없는 시대가 되고 있다. 정부는 고졸 취업을 권장하고 청년실업을 해결하기 위하여 고졸 취업자에 대한 지원금, 채용 기업에 대한 세제 혜택 등을 제공하고 있지만, 별로 효과가 없다. 특성화 고교 학생들 중 절반가량은 대학입시를 준비하며, 취업한 청년들도 지원금이 끝나면 직장을 그만두는 경우가 매우 많다. 고졸자에 대한 편견이 여전하고, 취업 후 4~5년 이후의 임금이 대졸자 수준이 되지 못하며, 주로 취업하는 중소기업의 발전 전망이 밝지 않기 때문이다.

이러한 상황에서 공무원을 꿈꾸는 청년들이 늘어가는 것을 탓할 수만은 없다. 취업 후에도 정년이 보장되지 않는 현실에서 공무원이 선망의 직업이 되는 것은 오히려 자연스럽다. 그러나 모두가 공무원이 되는 게 안정적인 삶이라고 떠드는 것은 문제가 있다. 왜 아이들에게 벌써 안정을 강요하는 것일까? 봉건시대 이후 미관말직이라도 '나랏일'을 하며 '나랏돈'을 받는 삶이 대우받았던 역사적인 배경도 영향을 미칠 것이다. 주권자 국민의 '공복公僕'이 되기 위해서보다는, '사농공상' 서열의 맨 위에 올라 '아랫것'들에게 위세 부리며 사는 삶을 선망하는 집단 무의식이 남아 있을 것이다.

노량진 학원가에 가보면 학원 자습실이나 독서실에서 하루 10시간 이상 공부하면서 식사는 2000~3000원짜리 '컵밥'으로 때우고, 잠은 고시원 '쪽방'에서 자는 '공시족'들로 가득 차 있다. 2013년 지방직 9급 공무원 시험에는 사상 최대로 27만 명이 지원했다. 국가직과 지방직 공무원 응시자는 중복 지원자를 포함해 45만 명 정도라고 한다. 그런데 공무원 시험 전체의 합격자 수는 2만 명에 미치지 못한다. 중복 지원자 수를 알 수는 없지만, 전체 합격률은 4.4%다. 나머지 수험생들은 다시 '공시족'으로 돌아가야 한다. "1년만 죽어라 공부하자"한 것이 2년이 되고, 3년이 된다. 합격하지 못한 대다수의 청년들이 겪게 될 좌절을 떠올리면 안쓰럽기만 하다. '공시족' 모두 공무원이 될 수 있다면 얼마나 좋겠는가. 그러나 '공시족'의 상당수는 오랜 기간 불안 속에 살아야 한다. 이는 주변과의 갈등으로 이어지기도 한다. 그들이 그 치열함과 열정으로 다른 직업, 혹은 자신의 꿈을 향해 돌진한다면 어떤 일이 일어날까 상상해보곤 한다. 그들의 눈부신 젊음이 노량진 학원가에 고여 빛을 잃어갈까 봐 조바심이 인다.

'공시족'을 포함한 다수의 청춘들은 스티브 잡스Steve Jobs 같은 창조적 삶을 동경하면서도 공무원 시험 준비를 하고 있다. 정부든 시민사회든, 진보건 보수건 '공시족' 현상이 바람직하지 않다는 데에는 모두 동의할 것이다. 그러나 뾰족한 대책이 없다. 부끄럽다. 어른들이 다음 세대에게 전해준 것은 이런 것이다. 청년, 학생들이 겁 없이 도전할 수 있는 마당을 깔아주지도, 한 번 패배하더라도 새로이 도전할 수 있는 환경을 만들어주지도 못한 것이다.

이제 어른들이 하나둘씩 다른 조언을 해줄 수 있으면 좋겠다. 이렇게 말하고 싶다. 먼저 자기 내면의 소리에 귀를 기울이라고. 그리고 내면의 뜨거움을 확인하라고. 그것이 가리키는 쪽으로 눈을 돌리라고. 그곳으로 가기 위해 공부하라고. 그것이 우리가 그들에게 가르쳐줄 수 있는 최고의 배움이 됐으면 좋겠다.

미국 로체스터 대학교 졸업생 1300여 명을 추적·조사한 연구가 있다. 결과는 이러했다. '내적 열망'을 추구했던 졸업생일수록 삶의 만족도와 행복감이 증대됐다. 반면에 부, 명예, 외모의 매력 등 '외적 열망'을 추구했던 졸업생들은 졸업 후에도 크게 나아진 것이 없었다.

물론 '무항산 무항심無恒産 無恒心'인지라, 먹고사는 문제를 외면할 수는 없다. 배 속에서 꼬르륵 소리가 나는 상황에서 무작정 내면의 소리에 집중하라고 할 수는 없는 법이다. 그렇지만 한 가지 분명한 사실이 있다. 먹고사는 문제를 해결하는 데에 집중해야만 했던 과거의 세대와는 달리 1인당 국민총소득 2만 달러 시대를 살고 있는 지금 대다수는 절대빈곤에 시달리지 않을 것이다. 특히 현재의 청년들이 기성세대가 됐을 때는 국민소득이 3만 달러가량 될 것이다. 국민총소득 2만 달러를 넘어서면 고도성장은 불가능해지는 한편, 시민의 다양한 욕구는 여러 분야에서 분출된다. 굳이 이 수치를 말하는 것은 꿈을 찾아가는 청년들에게 조금이나마 용기를 보태고 싶어서다. 진정 좋아하는 것을 해도 괜찮다고, 아직 자신의 꿈을 모르겠으면 조금 더 방황해도 괜찮다고 말이다.

스피노자Benedict de Spinoza는 렌즈 가공기술로 생계를 유지하면서 철학을 연구했고, 카프카는 법학박사 학위를 받고도 보험회사에 다니면서 소설을 썼으며, T. S. 엘리엇T. S. Eliot은 은행원으로 일하며 시를 썼고, 조지 오웰George Orwell은 교사, 서점 직원, 잡화점 주인 등 여러 직업을 전전하며 소설을 썼다.

성장 동력 또한 창조적인 지식에서 만들어진다. 이런 선순환이 이어지면 환경, 생태, 복지, 문화, 오락, 예술, 체육 등에 대한 새로운 수요가 창출된다. 많은 학생들이 선망했던 의사, 변호사, 회계사 등 '사'자 늘어간 직종은 섬섬 '레드 오션'이 되어가고 있다. 누구든 노년이 됐을 때까지 재미와 의미를 느끼며 생업을 유지하고 싶다면 멀리 바라봐야 한다. 기성세대는 시대적 여건상 자신의 흥미와 무관한 삶의 진로를 선택했다. 나도 그것에서 자유롭지 못했다. 이러한 선택을 지금의 젊은 세대에게까지 요구하는 것은 어리석은 일이다.

박원순 서울 시장이 제시했던 "세상을 바꾸는 천 개의 직업"[16]도 재미있어 보인다. 특히 취업 때문에 고민인 젊은이라면 한 번쯤 뛰어들어보는 것도 재미있을 것 같다. 어느 대학을 졸업했는지, 토익이 몇 점인지 등과 무관하게 도전하고 성공할 수 있는 "돌연변이 직업"에 많은 젊은이들이 뛰어들면 좋겠다. 빌 게이츠Bill Gates, 스티브 잡스, 마크 주커버그Mark Zuckerberg의 길은 바로 옆에 있다. 역발상은 도전과 파괴에 의해 가능하기 때문이다. 사회가 발전하는 힘의 원동력이 창의, 창조, 역발상에 있다는 것은 모두가 인정하고 있지 않는가. 디지털 시대이자 국경 없는 글로벌 시대에는 '노마드'의 삶이 대세가 됐다. 이는 강요되기도 하고 희망이 되기도 한다. 이런 변화에 적응해 다양하고 창의적인 능력을 펼칠 수 있는 사람이 더 많아져야 한다.

'광고 천재'라 불리며 많은 주목을 받는 이제석 씨의 도전을 보면 흥미로운 점이 많다. 한국 사회에서 그저 꽃망울에만 머무를 뻔했던 청년이 그였다. 지방대를 나왔다는 이유만으로 공모전과 취업에 모조리 낙방한 그는 동네 간판 집에서 일하다가 과감히 외국으로 떠났다. 그리고 각고의 노력 끝에 유명한 해외광고제에서 연달아 수상하면서 유명인이 됐다. 그는 고등학생 때 죽어라 그림만 그렸던, 가망 없다는 취급을 받는 학생이었다고 한다. 그런 그가 만든 공익광고를 보면 번득이는 천재성을 느낄 수 있다. 그 천재성이 하마터면 스펙 쌓기의 모래 속에 파묻혀 사라질 뻔했다. 이제석 씨의 이야기는 학벌사회의 문제점을 드러내는 동시에 청년들에게 무언의 메시지를 던진다. 정녕 자신의 길을 계속 가겠다는 의지가 있다면 과감히 스스로를 둘러싼 껍데기를 깨뜨리라고 말이다.

지금의 울타리에서 벗어나는 게 두렵다면 결코 한 발짝도 세상 밖으로 온전히 나갈 수 없다. 두려움을 극복할 용기가 거창할 필요는 없다. 자신의 의식을 둘러싼 껍데기에 의문을 제기하고 한번 툭 쳐보는 것에서 변화는 시작한다. 용기는 곧 미래의 자신을 그려볼 수 있는 붓이 된다. 지금이라도 자신만의 붓이 있는지 마음속을 들여다보기 바란다. 많은 젊은이들에게 격려가 되길 바라는 마음에서, 강수돌 교수의 글을 소개한다.

"공부 잘해서 좋은 대학을 가고 좋은 직장을 가면 돈을 많이 벌어 행복해질 것이라고 생각하는 길, 바로 이것이 생계의 길이다. […] 일류대학, 일류직장에 늘어가는 사람은 극히 일부분이다. 그리고 그 일부분조차 진정으로 행복한가? […] 꿈의 길을 가는 이는 다른 사람의 평가나 시선에 맞추어 살지 않는다. 〔…〕 일류대학이나 일류직장에 목숨 걸지 않고 '일류인생'을 산다. 〔…〕 그를 위해서는 꿈의 발견, 실력 증진, 사회 헌신 등 세 요소만 갖추면 된다. 꿈의 길을 걷는 자는 꿈도 이루고 생계도 해결한다."[17]

운칠기삼,
그 30%의 가능성

솔직히 고백하면 지금껏 살아온 인생에서 나는 운이 무척 좋았다. 어린 시절부터 끼니 걱정을 할 일은 없었다. 물론 재벌이나 권력자 집안은 아니었지만, 하고 싶은 것은 할 수 있었던 환경에서 태어난 것 자체가 큰 축복이었다. 나와 비교했을 때 집안 환경이 어려워 공부하기 힘들거나, 혹은 어렵지 않아도 공부에 집중할 수 있는 조건이 아니었던 친구들이 많았다. 그 점만으로도 나는 행운아였음에 분명하다. 하지만 운만으로 지금의 내가 만들어진 것은 아니다.

청나라 괴이문학의 걸작이라 불리는 포송령蒲松齡의 『요재지이聊齋志異』에서 나온 '운칠기삼運七技三'이란 말이 있다. 모든 일의 성패는 운이 70%라는 얘기다. 부모에게 받은 복, 주변 환경에서 받은 복 등을 합하면 운이 70%일지 모른다. 그러면 30%가 별 것 아닌 것처럼 보인다. 그러나 나는 '기삼'이란 말에 주목하고 싶다. 아무리 운이 70%라고 하더라도 30%의 노력이 없으면, 70%에 머물게 된다. 나아가 그 70%는 점점 소진된다. 기회는 준비된 자에게만 찾아온다는 격언이 틀린 게 아니다. 행운만 기다리는 것은 요행수를 바라는 것일 뿐이다. 나에게 어떤 운이 있는지 확인하기 위해 뭔가 끊임없이 배우고 노력해야 한다. 화분에 조각을 새긴 미켈란젤로처럼 말이다.

그렇다면 30%의 노력으로 가기 위한 첫 번째 단계는 무엇일까. 바로 호기심이다. 호기심은 삶의 불꽃을 피우기 위한 첫 번째 불씨다. 군사독재 시절 어느 선생님의 권유대로 진로를 결정했다면 나는 지금쯤 직업군인이 됐을지도 모른다. 그러나 「하버드 대학의 공부벌레들」을 보며 법학에 호기심을 가졌고 이를 경험해보고 싶다는 희망을 실현하기 위해 노력했다. 호기심이 오래 유지되지 못하면 불꽃은 금방 꺼진다. 호기심으로 시작된 불씨를 노력이라는 장작과 부채질로 계속 살려나가야 한다. 무슨 일이든 호기심이나 재미에서 시작해 실천으로 이어지는 경험을 꾸준히 쌓으면 삶의 목표가 점점 뚜렷해지고 성취감도 증가한다. 그러다 보면 그 목표를 이루기 위해서 매일매일 노력을 기울이게 된다. 이것이 요즘 말로는 '자기주도학습'일 것인데, 누가 시켜서 하는 것이 아니라 내가 관심을 갖는 것, 내가 하고 싶은 것, 내가 잘하는 것을 하다 보면 계획을 세우고 노력을 기울이는 것 자체가 아주 자연스러운 생활습관으로 자리 잡게 된다.

학자로서 사회참여를 하고 있는 나로서는 당연히 학문과 사회에 대해 호기심이 많다. 누가 시키지 않아도 새로운 이론이나 현상이 나오면 꼭 찾아보고 검토하고 분석한다. 2004년 4월 서울대학교에서 정년보장을 받았지만, 이후에도 학문에 대한 호기심은 여전하다. 오히려 점점 더 강해진다. 내 전공인 법학은 세상과 밀접한 관련을 맺고 있다. 세상의 분쟁과 갈등을 다루며 법과 제도의 문제점을 밝혀내고 대책을 강구하는 학문이 바로 법학이다. 존재하는 법률이나 판례가 무조건 옳은 것은 아니다. 법 자체가 잘못 만들어져 있을 수도 있고, 법을 해석하고 집행하는 기관이 편향된 사고를 가지고 있을 수도 있다. 이렇게 법과 법 관련기관에 문제가 있다면 법은 오히려 분쟁 해결의 수단이 아니라 분쟁 촉발의 원인이 된다.

나는 이런 경우를 접하면, '도대체 왜 이런 법이 존재하고 있지?'라는 의문과 호기심이 생긴다. 동의할 수 없는 법률과 판례의 문제점을 세밀하게 분석하다 보면 논문 한 편이 나오고 자연스럽게 '이러한 법률과 판례를 고치자!'라는 생각으로 이어져 사회적 행동까지 연결된다. 호기심은 문제를 바로 잡아야겠다는 사명감을 불러일으키고, 사명감은 이론적 및 사회적 실천으로 옮겨지는 것이다. 그런 노력에 의해 잘못된 법률이나 판례가 바뀌게 되면 저절로 보람을 느끼게 됨은 물론이다.

호기심과 노력은 무슨 일을 하더라도 포기하지 않고 앞으로 나갈 수 있도록 해주는 두 개의 수레바퀴다. 이 수레바퀴를 온전히 굴리며 목적지까지 가려면 계획이 있어야 한다. 남이 짜주는 계획표는 별로 도움이 안 된다. 초등학교 시절 하루 생활계획을 커다란 시계 모양 동그라미에 그려 제출하는 과제가 있었다. 나를 포함한 대부분의 아이들이 대충대충 그려 제출했다. 그러다가 중학생이 된 이후 시간의 소중함을 깨닫게 됐다. 계획을 잘 짜면 시간을 훨씬 더 효율적으로 쓸 수 있음을 알게 됐다. 요즘에는 일정을 기록하는 수첩이나 소프트웨어가 다양하지만, 그때만 해도 그런 게 없었다. 나는 작은 수첩을 사서 각종 약속, 과제 등의 일정을 기입하고는 이를 확인하며 생활하는 습관을 길렀다. 중학교 3학년 때부터는 모눈종이에 학기별 성적 그래프를 기입하기 시작했다. 매번 나오는 성적을 그래프로 그려서 눈으로 보니 스스로의 상황을 객관적으로 알 수 있었고 자극을 받을 수도 있었다. 이러한 작업은 스스로를 점검하는 데 큰 도움이 됐다.

고등학교 시절부터는 미래를 그려보는 버릇이 생겼다. 5년 뒤, 10년 뒤, 20년 뒤에 나는 어떤 모습일까, 어떤 일을 하고 있을까 등. 그렇게 하게 된 것은 입시 위주의 교육으로 답답했던 생활에서 벗어나고 싶은 마음 때문이었다. 고등학교 시절 동안에는 종이 한 장에 1979, 1980, 1981, 1982년 등의 구획을 만들어 책상 앞에 붙여놓고 이 해에는 무얼 할까, 저 해에는 무얼 하고 있을까 생각하곤 했다.

대학교에 들어가서도 매년 계획을 세우는 것은 물론, 더 먼 미래까지 상상해보곤 했다. 물론 앞으로 어떤 일이 일어날지 정확히 알 수는 없지만, 이런 버릇이 생기니 자연스럽게 세상을 길게 보게 되었다. 시험공부를 하거나 책을 읽을 때도 마찬가지다. 손에 잡히는 대로 하지 않는다. 주제별로 다른 색깔의 포스트잇을 붙이고 메모를 해놓거나 형광펜으로 표시를 하면서 다음에 잘 찾아 볼 수 있도록 정리를 하는 습관을 들였다.

교수가 된 이후 논문을 준비할 때도 아무 주제나 머릿속에 떠오르는 대로 선택해 쓰지 않는다. 장기간에 걸쳐 연구할 대형 과제를 설정하고 이 과제의 구성부분이 될 논문을 꾸준히 써나가는 한편, 단기간에 이론적 대응이 필요한 연구를 동시에 수행하고 글을 발표한다. 이러한 작업을 계속하다 보면 어느새 논문이 완성돼 차곡차곡 쌓이게 되는데, 일단락 지어졌다고 판단하면 주제별로 재구성해 단행본을 출간한다.

세상을 잘 살려면 자신의 능력, 소질, 환경 등에도 잘 맞고, 의미와 재미도 있는 일을 찾아야 한다. 그런 일을 발견했다면 그 이후의 승부는 일상의 삶에서 결정이 난다. 하루하루의 일상이 미래를 결정하기 때문이다. 팍팍한 세상에서 살아가기 힘든 사람들은 세속을 떠난 종교인의 삶에 환상을 가지기도 한다. 그러나 사찰에서 수양하는 스님들의 하루 일과를 생각해보자. 매일 새벽 3시 반이면 일어나 4시에 예불로 하루를 시작하고 공부와 참선을 계속해야 한다. 요컨대, 자기 삶의 주인이 되려면 일상의 삶에 충실하고 또한 이를 장악해야 한다.

소설가 조정래 선생은 몇몇 인터뷰에서 자신이 제일 좋아하는 텔레비전 프로그램으로 SBS의 「생활의 달인」을 꼽았다. 조 선생의 말씀처럼, 이 프로그램은 "필부도 노력하면 신을 능가하는 능력을 갖게 된다는 메시지"를 주고 있다. 나 역시 이 프로그램을 자주 보는데, 그때마다 감탄하면서 스스로에게 질문을 던진다. "나는 저 분들만큼 노력하고 있는가?"

종종 어린 시절부터 한 분야에 탁월한 재주를 보이는 '천재' 이야기가 화제를 모은다. 천부적 재능의 '신동', 분명 있다. 시쳇말로 '넘사벽넘을 수 없는 4차원의 벽'도 있을 것이다. 그러나 대다수의 '천재'는 흥미, 몰입, 노력의 결과로 탄생하는 것이다.

2012년 노벨 생리의학상을 공동수상한 영국 케임브리지 대학 교수 존 거든John Gurdon은 이튼스쿨 재학 중이던 15세 때, 첫 학기 생물 성적을 받았는데 250명 중 꼴찌였다. 당시 생물 교사는 성적표에 "과학자가 되겠다는 거든의 생각은 우스꽝스러운 일"이며 "그 자신에게나 그를 가르치는 사람에게나 시간

낭비"라고 평가했다. 거든은 이 성적표를 액자로 만들어 자신의 책상 위에 놓고 공부하고 또 공부했다. 『아웃라이어』의 저자 말콤 글래드웰Malcolm Gladwell도 성공의 제1요인은 천부적 재능이 아니라 자신의 분야에서 최소 1만 시간을 바치는 노력이라고 말하지 않았던가.

"복잡한 업무를 수행하는 데 필요한 탁월성을 얻으려면, 최소한의 연습량을 확보하는 것이 결정적이라는 사실은 수많은 연구를 통해 거듭 확인되고 있다. […] 1만 시간의 훈련으로 뒷심을 쌓지 않으면 최고 수준의 플레이를 하는 데에 필요한 기술을 익히는 것도 불가능하다. 모든 시대를 통틀어 최고의 음악 신동이라고 불리는 모차르트도 1만 시간의 훈련을 통해 독창적인 작품을 썼다."[18]

요컨대, 노력하는 둔재는 게으른 수재를 이길 수 있다. '우공이산愚公移山'이고 '우보만리牛步萬里'다. 우리 모두는 자신의 분야에서 꾸준히 공부하는 인간으로 살아야 삶에 뿌리내릴 수 있고 더 나아가 행복해질 수 있다. 공부를 즐기는 인간이 된다는 것, 그것은 내 삶을 사랑하는 방법을 안다는 것이다. 공부의 출발은 호기심이며, 공부의 성공 조건은 노력이다.

02

호모 레지스탕스
저항하는 인간

소년이 본
외눈박이 거인들의
세상

 너무 오래전 일이라 상세한 기억은 없지만, 어머니 말씀으로는 초등학교 들어가기 전 내가 골목대장이었다고 한다. 리더십이 뛰어났다기보다는 열정적으로 놀았기에 자연스레 그렇게 된 것 같다. 긴 작대기를 들고 친구들과 이 동네 저 동네 돌아다니며 놀았던 기억은 생생하다.
 초등학교 들어가서도 동네 친구들과 어울려 공을 차거나 간이야구인 '찜뽕'을 하거나 야구나 축구 경기를 구경 가거나 하는 일이 많았고, 여름에는 멀리 낙동강까지 수영하러 갔다가 빠져 죽을 뻔도 했다. 한 달에 한 번쯤은 친구들과 영화를 보기도 하고, 하굣길에 시내 번화가나 시장을 돌아다니기도 했다. 극장을 제외하고 친구들과 어울려 다니는 곳은 말 그대로 '바깥 공간'이었다. 요즘의 아이들처럼 집을 나와 또 다시 PC방처럼 닫힌 공간으로 들어간 적은 별로 없었다.

학교에 들어간 이후 학년이 바뀔 때마다 반장이나 학생회 간부 등을 많이 맡았다. 특별히 리더십이 있어서가 아니라 공부 잘하는 모범생이라는 이유가 대부분이었다. 머리 빡빡 깎고 검정 교복 입고 생활하며 학생자치활동은 형식에 불과했던 그 시기, 학생 간부의 역할은 선생님 지시사항 전달과 다른 학생들의 관리였다. 간부에게 자기를 대신하여 학생을 때리라고 지시하기도 했다. 70년대 중반에서 80년대 초까지 우리 사회가 상정하는 리더는 카리스마 넘치는 보스의 모습이었다. "나를 따르라!"라고 외치며 자기 생각을 불도저처럼 밀어붙이고 명령하고 지시하는 사람, 심지어 왕처럼 '군림君臨'하는 사람이어야 리더십이 있다는 평가를 받았다. 권위주의와 군사독재가 관철되는 시기였음을 생각하면 자연스러운 일이었다. 군사 쿠데타를 일으킨 사람이 대통령이 되고 이후 '왕'처럼 장기 집권하면서 학교를 포함한 사회 전체를 병영처럼 만들어버렸으니 말이다. 리더가 뭔가 하자고 했을 때 의문을 제기하거나 다른 의견을 말하면 "왜 딴죽 거냐?" 하는 식의 반응이 나왔다. 완장 찬 사람 앞에선 입을 닫고 얌전히 줄을 서는 것이 당연한 것처럼 간주됐다. 당시에는 "말 많으면 공산당이다", "말 많으면 간첩이다"라는 무지막지한 말까지 회자되고 있었다. 나는 이런 리더십이 싫었다.

    대학 입학 전까지 나는 성실한 우등생 그 이상도 그 이하도 아니었다. 당시 인문계 고교생에게는 좋은 대학을 입학하는 것이 절대 목표였고, 나는 이 목표를 내 것으로 받아들였다. 공부를 잘하는 편이었기에 좋은 성적을 통해 인정받는 것에서 기쁨을 느끼고 있었다. 복잡한 문법과 구조를 가진 영어 문장을 독해해내고, 인수분해, 미분, 적분 등 난해한 수학 문제를 풀어내고, 어려운 한문을 읽고 쓰며 그 배경을 알고 구사하는 것 등에서 성취감을 얻었다. 전형적인 보수적 엘리트 코스를 차근차근 밟아가고 있었다고 할까? 그렇게 공부에 푹 빠져 있었기에 대학 입학 전까지 학창생활은 단순한 편이었다. 물론 가끔씩 "왜?"라는 질문을 부모님이나 선생님께 던지기도 했지만 그것이 '반항'으로 비쳐지지는 않은 듯하다. 우습게도 그때나 지금이나 공부만 잘하면 학교에서 어느 정도는 눈감아주지 않는가. 요즘 말로 '일진'이라 부르는 주먹 쓰는 아이들도 그때는 공부 잘하는 친구에겐 관대했던 터라 그 덕도 제법 봤다.

    그럼에도 내면에는 권위주의와 국가폭력에 대한 반감이 차곡차곡 쌓여가고 있었다. 당시 고등학교 학생대표 조직은 '학생회'가 아니라 '학도호국단'이었다. 이름에서도 느껴지듯 군대 문화가 물씬 배어 있는 조직이었다. 우린 모두 '학도병'이었던 것이다. 학교를 병영처럼 만들었다는 것은 이름에 그치지 않았다. 목울대까지 단추를 채워 올린 일본식 검정 교복으로도 모자라 학생들은 군복과도 같은 교련복을 입고 총검술을 배우고 제식훈련을 해야 했다. 군 장교 출신 교련 선생님의 지휘를 받으면서. 정점에는 최고 사령관 대통령이 있고 말단에는 예비 졸병 고교생이 있는 피라미드 조직으로 사회의 골간이 만들어져 있었던 셈이다.

내 기억 속의 '유신체제'는 고등학생도 총검술을 배우며 군대식으로 사고하고 행동하도록 만드는 체제였다. 물론 나는 검정 교복도 총검술도 제식훈련도 싫었다. 대학 입학 후 유신체제의 법률을 상세히 알고 나서는 기가 막혔다. 당시 대통령 긴급조치란 것이 있었다. 개헌을 요구하는 행위를 범죄로 처벌하고, 이 처벌 조치를 비판하는 것도 범죄로 처벌했다. 황당무계! 이 무지막지한 법으로 얼마나 많은 사람의 입을 막고 얼마나 많은 사람을 탄압했던가.

나의 10대 시절은 검정 교복과 까까머리로 상징된다. 획일화된 모습만큼이나 서슬 퍼런 유신체제의 공기는 너무나 무거웠다. 힘없는 10대에 불과한 나였지만 주위 분위기만으로도 체제의 억압성을 느낄 수 있었다. 학교에서도 체벌은 일상화되어 있었다. 성적과 입시 위주 학교생활, 상명하복 군대식 문화에 빈발하기나 적응하지 못하는 학생들은 종종 얻어맞았다. 학생들이 잘못하는 경우도 많았지만, 경미한 잘못을 범했음에도 가혹한 체벌을 받는 경우도 많았다. 규정상 머리카락 길이를 어긴 친구는 이마에서 뒤통수까지 '고속도로'가 났고, 다음 날 머리를 다 깎지 않고 '고속도로'를 유지한 채 등교했다며 흠씬 두들겨 맞는 모습을 봐야 했다. 이러한 억압과 폭력은 우리 학교뿐만 아니라 부산의 모든 학교에서 일어나는 문제였고, 대학에 진학하고 나서는 그것이 전국적인 문제라는 것을 알게 됐다. 나라 전체가 병영화되어 있었으니, 군대에서 만연하던 구타가 학교에서도 일상화되었던 것이다. 한마디로 폭력에 중독되어 있던 사회였다. 이런 경험이 있었기에 교수가 된 후 학교 체벌을 비판하는 논문을 쓰게 되었다.[19] 나와 같은 세대의 사람들은 유사한 경험과 기억을 공유하고 있을 것이다. 지나간 과거는 모두 아름다워 보이지만, 추억의 커튼을 젖히면 이와 같은 불편한 진실이 드러난다. 돌아보면 숨 막히는 현실에 갇혀 어떻게 큰 사고나 일탈 없이 통과했을까 신기할 지경이다.

학교와 학원을 오가며 하루를 보내는 요즘 아이들도 안쓰럽긴 매한가지지만, 30년 전이라고 해서 별다르진 않았다. 과외가 금지되어 학원은 가지 않았지만, 아침 일찍 학교에 가서 밤 10시까지 교실에 꼼짝 않고 있어야 했다. '자율학습'이라는 명목 아래서였다. 야간학습 도중 소설책을 읽거나 분식집에 가는 약간의 재미는 있었다. 그러나 고교 3년의 추억 전반은 무채색 흑백사진이다. 입을 굳게 다문 무표정한 얼굴의 흑백사진 말이다. 아무리 생각해도, 정말 재미없던 10대 시절이었다. 사실 아무것도 마음대로 할 수 없었던 시절이니 애초에 무엇도 기대할 수 없었다. 입시는 물론, 사회와 학교의 강압적인 분위기는 미처 꽃망울도 피어내지 못한 청춘들을 그대로 사그라지게 만들 뿐이었다. 나뿐만 아니라 당시 고등학생은 대부분 그렇게 아름다운 청춘을 학교에 가둬놓고 살아야만 했을 것이다. 입시 위주 교육체제가 유지되는 한, 가장 활기 있고 생생하고 아름다워야 할 10대의 인생은 그때나 지금이나 우중충할 수밖에 없다.

    1980년, 전두환 정권이 취약한 정통성을 보완하고 대중적 인기를 끌기 위해 과외전면금지 조치를 내렸기에 고교 2학년 이후에는 일체의 과외를 할 수 없었다. 그 뒤에는 스스로 고난도 영어, 수학 문제집을 찾아 푸는 재미를 즐겼다. 국내에서 만든 수학 문제집을 풀고 난 후에는 재미 삼아 일본 도쿄대 입학 수학 문제를 풀어보기도 했다. 역설적이지만, 우리 세대는 전두환 정권의 과외전면금지 조치 '덕'을 보았다. 그 와중에도 비밀고액과외가 있었다고는 하지만, 전국 대부분의 가정에서는 그런 과외를 시킬 엄두도 내지 못했다. 모두가 과외를 하지 않으니, 모두가 학교 공부로만 승부를 걸어야 했다. 그리고 전국의 가정에서 과외비가 필요 없게 됐으니, 그 돈은 다른 살림살이에 쓰였을 것이다. 그 결과 각 가정의 행복지수도 높아졌으리라.

대학 진학 원서를 준비하고 있던 1981년, 서울대를 지원하겠다고 했더니 어떤 선생님은 "서울대보다는 육사를 가는 게 낫다"라고 말씀하셨다. 유신체제를 계승한 전두환 정권 시기 집권당이었던 민주정의당은 '육법당陸法黨'이라고 불렸다. 육사 출신과 법대 출신이 권력의 핵심을 쥐고, 그중 육사 출신이 우위에 있음을 보여주는 조어造語였다. 대학 진학 후 만난 친구들 중에서도 "너는 딱 군인 체질"인데 육사 가지 그랬냐는 말을 하는 친구가 있었던 걸 보면, 그 선생님이 나보고 '육법당'이 되라고 그런 권유를 했는지, 아니면 맺고 끊는 게 분명한 나의 성격이 군인 쪽에 어울린다고 판단해서 그러셨는지 알 수 없다. 그러나 가뜩이나 숨이 턱턱 막히는 사회와 학교 분위기에 질렸던 탓에 사관학교로 진학한다는 생각은 추호도 하지 않았다. 사복 입고 머리를 길게 기르고 싶었다!

요즘 학생들로선 이런 학교 분위기를 상상하기 어려울 것이다. 물론 지금도 주입식, 암기식 교육이 여전히 이루어지고 있지만, 과거에 비하면 학생의 자율성과 창의성이 훨씬 중시되는 것 같다. 과거 권위주의 체제하에서는 자율성과 창의성을 드러내면 '일탈'이나 '반항'으로 인식되기 일쑤였다. 통제와 규율에 따르지 않으면, '반골' 또는 '삐딱이'의 낙인이 찍히기 마련이었다. 나는 비판을 불허하는 군대식 복종을 강요당하는 것이 싫었다. 그렇다고 해서 반항아로 살지도 않았지만.

이렇듯 1979년부터 1981년까지 3년간의 고교 시절 일상에는 특별한 일이 없었다. 그러나 사회 전체로 시야를 넓혀보면 1979년은 유신이라는 브레이크 없는 폭주 기관차가 파국으로 치닫고 있을 때였다. 박정희 전 대통령의 장기집권과 억압적인 통치에 대한 국민들의 불만은 이미 한계에 달했다. 언제 어디서 불만의 불씨가 도화선이 되어 터져도 이상할 게 없을 정도로 온 나라가 웅성거리고 수군거렸다. 당시 우리 집에서는 《동아일보》를 구독하고 있었는데, 그때만 해도 야당지로 이름을 날리던 신문이었다. 그렇지만 《동아일보》조차 실제로 일어난 일들을 보도하지 못했다. 정권이 신문기사를 일일이 검열하던 때라 자기들 입맛에 맞지 않은 기사는 한 줄도 나올 수 없었다. 방송도 다를 바 없었다. 다행히도 아버지나 외삼촌들이 신문의 행간을 읽는 법을 가르쳐주셨다. 덕분에 그나마 기사 뒤에 숨어 있는 실제 사건의 이야기를 알 수 있었다. 진실은 숨겨진 채, 위선과 거짓이 판을 치던 요상한 나라에 우리는 살고 있었던 것이다.

삼삼오오 모여 조심스럽게 이야기를 나누던 국민들의 목소리는 거리로 퍼져나갔다. 그러던 중 1979년 10월 '부마사태'라 불렸던 '부마민주항쟁'이 눈앞에서 벌어졌다. 책에서나 보고 상상했던 혁명적 상황을 직접 보고 듣고 접하게 된 것이다.

10월 16일 오전 10시 부산대학교 학생들의 유신철폐 시위를 기화로 시위는 부산 전역으로 확대됐다. 부산시청 앞, 광복동, 남포동, 국제시장 등 시내 중심 지역에서 '유신철폐'와 '독재타도'의 함성이 울려 퍼졌다. 학생뿐 아니라 시민들도 시위에 속속 합류했고, 합류하지 않는 시민들도 박수를 치거나 시위대에게 먹을 것과 마실 것을 제공하는 방식으로 동참하고 격려했다. 시위대는 유신체제 권력의 상징이었던 집권 공화당 사무실과 파출소를 공격했고, 불공정 보도를 규탄하며 KBS, MBC, 《부산일보》 등을 공격했다. 이에 정부는 부산에 비상계엄령을 선포하고 군대를 투입했다. 시내 주요 지점 곳곳에 서 있던 장갑차와 총을 든 군인들의 모습은 섬뜩했다. 국방의 의무를 수행해야 할 군인들이 어깨에 총을 메고 곤봉으로 시민들을 마구 때리는 어처구니없는 장면도 보았다. 물대포 맞은 경험을 얘기해주는 대학생 사촌 형의 음성은 흥분과 두려움으로 떨렸다. 유신에 대한 원성은 나날이 커져갔다. 집안 어른들뿐 아니라 대부분의 사람들이 울분을 감추지 못했다.

그리고 10월 26일, 박정희 대통령이 궁정동 안가에서 시바스 리갈을 마시다 최측근 김재규 중앙정보부장의 총을 맞고 숨을 거두면서 유신독재는 끝났다. 김재규는 재판에서 다음과 같이 말했다. "야수의 심정으로 유신의 심장을 쏘았다." 돌이켜 생각해보니, 박정희는 내가 태어났을 때부터 대통령이었고 그가 아닌 다른 사람이 대통령이 된다는 것은 상상하기 어려웠다. 그러나 절대 권력자, 철권 통치자, 사실상의 '종신 대통령'이었던 박정희도 도도한 민심의 흐름을 거스를 수는 없었던 것이다.

많은 세월이 흘러 과거를 돌아보면 당시 그릇됐다고 간주된 것이 사실은 올바른 것이었고, 올바르다고 여겼던 것이 그릇된 것이었다고 평가하는 작업이 이루어진다. 이는 역사가의 의무이기도 하다. 그러나 불과 얼마 전까지 절대적 가치로 여기던 것이 순식간에 무너지는 바로 그 시기를 직접 보고 느낀 것은 특별한 경험이었다. 10월 26일 이전까지 유신의 정당성을 설파하던 학교 선생님이 10월 26일 이후 보였던 당황스러운 태도는 지금도 또렷이 기억난다. 유신독재의 종말은 기나긴 겨울이 끝났으며 따뜻하고 생동감 넘치는 봄이 왔음을 알렸다. 국민을 폭력적으로 억압하고 인권은 눈 씻고 봐도 찾을 수 없었던 시절이 역사의 뒤안길로 사라졌다. 1980년 새해가 시작되자, '서울의 봄'이라는 표현이 나올 만큼 사람들은 희망에 들떴다. 불과 얼마 전까지 유신을 찬양하던 학교 선생님들의 태도와 말까지도 확연히 바꾸어놓을 만큼 전국으로 퍼져나간 희망이었다. 유신은 이제 청산해야 하는 그릇된 유산에 불과했다. 바야흐로 새로운 미래를 꿈꾸는 봄날이었다.

하지만 그런 따스함은 그리 오래 가지 못했다. 박정희가

살해당했어도 독재의 그림자는 쉽게 사라지지 않았다. 독재정권에서 기생하던 세력들로서는 한순간에 기득권을 내놓아야 하니 그들의 '주군'을 저승으로 보낼 수 없었다. '주군'을 '신'으로 모시는 '박정희교教'의 교세 확장을 통해 자신들의 과거, 현재, 미래를 보장받고 싶어 했다. 그리고 전두환이 이끄는 신군부는 쿠데타를 일으켜 정권을 잡았다. 이에 저항하는 광주 시민들은 총칼로 유혈 진압됐다. 1979년 부마민주항쟁이 박정희의 생명을 끊었다면, 1980년 광주민주항쟁은 전두환에 의해 생명이 끊겼다. 1982년 대학 입학 후 5.18의 전모를 알게 됐을 때, 1979년 부산은 1980년 광주의 직전 단계였음을 알게 됐다. 부마민주항쟁을 보고받은 차지철 경호실장은 "캄보디아에서는 300만 명을 죽이고도 까딱없었는데 우리도 데모 대원 100만~200만 명 정도 죽인다고 까딱 있겠습니까"라고 호언하지 않았던가. 1979년 10월 26일 박정희가 피살되지 않았다면, 부산은 또 다른 '킬링 필드'가 됐을 것이다. 그리하여 나는 대학 입학 이후 그 사실을 알게 된 시점부터 개인적 연고가 없는 광주와 심정적 연대의식을 갖게 됐다. 이 점에서 나는 '광주의 아들'이다!

또 다른 독재가 다시 시작되자 민주주의의 숨결은 희미해졌다. 신군부는 수많은 국민들의 피를 제물로 삼아 권력을 잡고 민주주의를 향해 나아가던 역사의 뒷덜미를 낚아챘다. 희망이 아닌 절망으로, 미래가 아닌 과거로 회귀하는 역행의 역사가 시작됐다. 신문과 방송의 논조도 확 바뀌었다. 예컨대, 《조선일보》는 '인간 전두환'이라는 큰제목의 특집을 꾸며 전두환에게 아부하기도 했다(1980년 8월 23일자).

이전까지 유신, 군사문화, 권위주의에 대해 비판적 입장을 드러내던 선생님들은 다시 침묵했다. 과거처럼 군대식으로 학생들을 '훈육'하는 방식이 강화됐다. 1979년 10월 이후 1년도 채 안 되는 기간에 벌어진 사건은 반전과 반전의 연속이었다. 그런 언론의 논조와 어른들의 태도 변화는 블랙코미디를 보는 듯했다. 이후 프랑스에서 나폴레옹이 엘바섬을 탈출해 파리로 입성하는 과정에서 언론이 나폴레옹을 '식인귀', '마귀', '괴물', '폭군' 등으로 부르다 종국에는 '황제 폐하'로 불렀다는 역사적 사실을 접하게 됐는데, 역사는 그와 같이 반복된다는 것을 느꼈다.

부마민주항쟁, 10.26 서울의 봄, 5.17, 5.18 그리고 '제5공화국'의 출범 등이 고교 3년 동안 일어났다. 이처럼 격동하는 세상에서 공부에만 집중하는 것은 쉽지 않았다. 국어, 영어, 수학, 한문 등의 과목에는 집중하기 쉬웠다. 하지만 사회나 도덕 과목을 공부할 때는 내가 알고 있는 현실과 교과서에 기술된 내용에서 너무나 큰 괴리를 느꼈다. 교과서는 내가 직접 본 진실을 숨기고 포장하며 왜곡하고 있었으니 선뜻 받아들일 수 없었다. 당시 내가 느낀 당혹감은 마치 홀로 외눈박이 거인 사이클로프스Cyclop의 나라에 서 있는 기분이었다. 두 눈을 가진 내가 이상한 건지, 아니면 스스로 세상의 표준이라 여기며 완력을 행사하는 외눈박이 거인들이 잘못된 것인지 답답할 따름이었다. 그러나 가끔 젊은 선생님들 중에는 "이건 아니다"라고 말씀하시거나, 직접 이야기하지 않더라도 그런 뉘앙스를 풍기는 분들이 계셨다. 덕분에 나는 국가나 체제가 말하는 것이 틀렸다는 확신을 가질 수 있었다.

마음속에는 많은 의문과 분노가 쌓이고 있었지만 그것을 겉으로 표출하기에 나는 너무 어렸다. 사이클로프스의 일족인 폴리페모스Polyphemus의 눈을 찌른 오디세우스Odysseus의 용기는 전혀 없었던 것이다. 그저 교과서를 의심하고, 신문보도 속의 감춰진 진실에 목말라하고, 선생님 말씀을 무조건 암송해서는 안 된다고 생각하는 정도가 내가 할 수 있는 대응의 전부였다.

책만으로는 배울 수 없는
진짜 세상을 보다

고교 시절 법대 진학을 마음먹게 된 계기 중 하나는 앞서 말했듯 TV 드라마 「하버드 대학의 공부벌레들」이었다. 나는 하버드 로스쿨 학생들의 생활을 그린 이 드라마를 보자마자 단번에 빠져들었다. 극중 하버드 로스쿨의 킹스필드 교수는 나비넥타이에 조끼까지 차려입은 정장 차림으로 계약법 강의실에 들어선다. 그 순간은 정적과 더불어 보이지 않는 긴장감이 팽배해지는 때다. 불도그처럼 생긴 로스쿨 최고령 노교수가 등장한 후 출석부에서 한 학생을 지목해 질문을 던지면 공포의 수업이 시작된다.

그 유명한 '소크라테스식 문답법Socratic method'이라는 수업 방식을 거기서 처음 보았다. 법원의 판결을 놓고 사실관계와 논점을 질문과 대답을 통해 파악해나가는 이 수업방식은 흥미진진했다. 한 치의 여유도 없이 몰아세우는 킹스필드 교수와 어떻게든 답변하려 애쓰는 학생 모습을 보며 마치 나의 일이라도 된 듯 바짝 긴장하면서 드라마에 빠져들었다. 공부란 저렇게 치열하게 토론하며 답을 찾아나가야 하는 것이라는 생각이 들었다.

　대학에 합격한 1982년, 고향 부산을 떠나 서울로 올라왔다. 지루하고 갑갑한 수험 생활을 끝내고 대학이나 사회에 진출한 사람들이 가장 먼저 느끼는 게 바로 해방감이리라. 검정 교복만큼이나 답답했던 고교 시절에서 벗어났으니 그 시절 얼마나 큰 해방감을 느꼈겠는가. 서울에서 나만의 공간과 시간을 가질 수 있다는 게 기뻤고, 영화나 드라마에서 보던 캠퍼스의 낭만을 기대하기도 했다. 그러나 해방감은 금세 사라졌다. 캠퍼스의 낭만보다는 절망을 먼저 깨달아야 했다.

　법대의 현실도 드라마와 많이 달랐다. 교수의 강의 중심으로 진행되는 수업방식의 차이도 그렇지만, 그때는 강의실에서 공부에만 전념할 수 있는 상황이 아니었다. '민주'와 '정의'를 짓밟은 자들이 '민주정의당'이라는 당명하에 정권을 잡고 있었고, 자유와 비판의 공간이어야 할 캠퍼스에는 늘 경찰들이 진을 치고 있었다. 전두환 정권은 폭력을 법률로 포장해 휘두르고 있었고, 헌법은 현실에서 처절하게 유린당하고 있었다. 예컨대, 헌법이 보장하고 있는 언론, 출판, 집회, 결사의 자유는 공염불에 불과했다. 형사절차상의 기본권인 묵비권이나 고문 금지 조항도 아무런 의미가 없었다. 대학생들이 경찰서에 잡혀가 맞고 오는 게 다반사였다. 나 역시 서울대 정문에서 불심검문을 당하고 당시 동양 최대 파출소라는 관악파출소에 끌려간 적이 있다. 헌법과 형사소송법이 제대로 작동됐다면 나의 고교 및 대학 후배인 박종철 군이 어찌 남영동 대공분실에서 경찰관에 의해 '고문살해'됐겠는가(나는 '고문치사'란 언론용어나 판결에 동의하지 않는다. 물고문 등 각종 고문을 했을 때는 이미 살인의 '미필적 고의'가 인정된다고 보기에).

이런 현실에서 법 공부에 흥미가 생길 리가 없었다. 공부한 내용과 현실이 너무나 다르니 환멸이 치밀어 올랐다. 법률이나 판례를 보면 독재정권을 옹호하는 것이 많았기에, '내가 도대체 이걸 왜 공부해야 하지?'라는 의문이 끊임없이 들었다. 이유와 목적을 잃어버리니 공부가 재미없었다. 사법고시를 봐서 판사가 되겠다는 고교 시절 꿈은 점점 사그라졌다. 군부 독재를 지탱하는 집권여당인 민정당을 '육법당'이라며 비꼬던 내가 그 무리 속으로 들어갈 수는 없는 노릇이었다. 공부한 법을 군부 독재의 법률 자문을 하고 통치를 정당화하는 데 이용한 나는 것은 말이 안 되는 소리였다.

대학교 1학년 여름방학이 끝나갈 무렵, 농촌활동을 마치고 부산 집으로 가니 법대 담당 형사가 집에 들러 부모님께 경고를 하고 갔다는 것이다. 학생회 결성은 금지됐고, 비판적 학술활동을 하는 동아리도 금지됐다. 교내·외를 막론하고 반독재 시위는 강경하게 진압됐다. 시위에 참석하다 잡히면 정학을 받거나 강제로 군대에 끌려가야 했다. 예컨대 2학년 1학기, 서울대 법대 동기로 입학 때 수석을 했던 원희룡 군(전 한나라당 국회의원)은 교내 시위 참가로 유기정학을 받았고, 이후 구로공단으로 '존재 이전'을 했다. 나는 1학년 2학기부터 선배의 지도에 따라 교내외 시위에 참가하기 시작했다. 첫 번째 가두시위 참석 직전의 두려움과 떨림을 지금까지 잊을 수 없다.

2학년 때에는 1983년 9월 창립된 '민주화운동청년연합(초대의장 고 김근태 의원)'의 회보를 구해 읽기 시작했다. '민청련'의 상징은 두꺼비였다. 두꺼비는 알을 품으면 뱀을 찾아 나서 스스로 잡아먹히지만 그 알은 뱀을 자양분으로 부화해 마침내 뱀을 죽이고 수많은 두꺼비로 태어난다. 80년대 대학가에는 이러한 '두꺼비'가 되려는 사람들이 속속 등장했다. 예컨대 1983년 11월 8일, 황정하 선배(당시 도시계획과 4학년)가 서울대 도서관 6층에서 '레이건 미 대통령 방한과 전두환 정권 규탄'을 담은 유인물을 뿌리고 경찰의 추격을 피해 밧줄을 타고 5층으로 내려오다 추락해 사망했다. 나는 서울대 아크로폴리스 광장에서 그 상황을 직접 목격했다. 이러한 과정에서 나도 작은 '두꺼비'로 변해가고 있었다.

상황이 이러하니 캠퍼스의 낭만 따윈 거추장스럽고 사치스러운 감정의 낭비로 여겨졌다. 당시 대학생들이 많이 하는 '미팅'도 서너 번 나가본 게 전부였다. '미팅'이란 틀 속에서 여학생을 만난다는 것이 어색하기도 했고, '미팅'하는 자리에도 특별한 흥미를 느끼지 못했다. 디스코장에서 만나서 노는 '고팅'도 한 번 가보고는 그만두었다. '몸치'라서 춤에 소질도 없을뿐더러, 시끄러운 공간에서 노는 게 즐겁지도 않았다. 직접 호감을 표시하는 이성 친구도 있었지만 냉정하게 거절했다. 사회상황 때문에 일종의 도덕적 결벽증 또는 강박증에 사로잡혀 있었던 것이다. 지금 생각하면 미안하고 부끄러워진다. 사람과 사람의 관계를 자연스럽게 생각하지 못하고 뭔가 의미를 잔뜩 부여하려고만 했으니 말이다. 당시에 나는 뜻이 맞는 친구, 선배들과 세미나실이나 선술집 등에서 이야기를 나누며 혼자 속으로만 삭이고 있었던 주제들을 토론하는 데 빠져 있었다.

나의 대학 시절은 유신독재의 뒤를 이은 전두환 정권의 포악함에 더해 '천민자본주의 vulgar capitalism'의 행태가 만연한 시기였다. 서울에 올라오니 부산에서 지켜봤던 사회의 부조리한 현실은 더 절망적이었다. 부정부패와 생존권 유린은 일상적이었다. 그동안 짐작만 하고 있었던 사회의 모순은 너무나 심각했다. 세상을 좀 더 알아봐야 한다는 생각을 했다. 이야기를 전해

듣거나 책으로 보는 것보다 직접 눈으로 확인하고 경험하는 것이 옳다고 여겼기 때문이었다. 봉천동과 상계동 등지의 다 쓰러져 가는 작은 집들, 노동자들이 '칼잠'으로 눈을 붙이던 벌집 같던 구로공단 가리봉동 쪽방촌 등을 가보면서 세상 보는 눈을 넓혔다. 가난이야말로 최고의 폭력임을 똑똑히 보았다. 도시 한 쪽에서는 네온사인이 화려하게 번쩍이고 있지만 또 다른 곳에서는 불조차 제대로 켤 수 없는 빈곤의 현실이 자리하고 있었다. 학교 밖 풍경만 그런 것은 아니었다.

전쟁 같은 밤일을 마치고 난
새벽 쓰린 가슴 위로
차가운 소주를 붓는다
아
이러다간 오래 못 가지
이러다간 끝내 못 가지

설은 세 그릇 짬밥으로
기름투성이 체력전을
전력을 다 짜내어 바둥치는
이 전쟁 같은 노동일을
오래 못 가도

끝내 못 가도

어쩔 수 없지

1984년 발표된 박노해 시인의 「노동의 새벽」[20]이라는 시의 도입부는 지금도 잊지 못하는 강렬한 충격을 주었다. 먹고 살아야 하니 노동을 하는 것인데, 그 노동은 '전쟁' 같은 것이었다. 중산층 가정에서 자란 나는 죽비, 아니 망치로 맞은 듯했다. 아무리 진보적인 의식을 가지고 있다 해도 스무 살 즈음에 있었던 내가 처절한 노동자의 삶의 속살을 제대로 알 리 없었다. 그런 상황에서 접하게 된 이 시는 가슴을 울리고 머리를 깨우치게 했다.

내가 다니던 서울대에도 집안 형편이 어려운 학생들이 많았다. 과외로 돈을 벌며 학업을 이어가야 하는 친구, 등록금을 마련하지 못해 휴학을 하는 친구들도 있었다. 집안 형편과 관계없이 부조리한 현실에 분노하며 학생운동에 전념·헌신하는 친구들도 있었다. 법대의 경우 2~3학년이 되자 고시를 준비하는 '고시파'와 학생운동에 뛰어드는 '비고시파'로 갈라졌다. 다수는 전자의 길을, 소수는 후자의 길을 택했다. 나는 후자에 속했다. 당시의 나로서는 나름 심각한 고민의 결과였다. 부모님과 교수님들은 뭘 하선 일난 고시에 붙은 후 하라고 몇 번이고 말씀하셨다. 그러나 그 조언을 따르지 않았다.

당시 용어를 빌리자면, 나는 서울대 학생운동의 '전위'에 속하진 않았다. 주요 시위에 참여하고, 매년 여름방학 동안 농촌활동에 참여하고, 나아가 학년 대표도 하고, 법대 학술지 편집실 편집위원에 이어 편집장도 했지만 학생운동에 온몸을 바친 쪽은 아니었다. 매 순간 갈등과 두려움과 흔들림이 있었다.

'비고시파'의 길을 선택한 것은 치기 어린 정의감의 발로였을지도 모른다. 비합법 투쟁조직에 관여하거나 시위를 주동해 감옥에 간 선배나 친구에 대한 미안함 또는 부채감 때문이었는지도 모른다. 인생에서 꽤 중요한 결정을 내렸던 그 순간, 나는 만 스무 살도 되지 않은 애송이에 불과했다. 그렇지만 나는 가슴이 가리키는 쪽을 선택했다. 그리고 당시 언더그라운드에서 활동하던 들국화의 노래「그것만이 내 세상」을 테이프로 들으며 스스로를 위로했다.

    세상을 너무나 모른다고
    나보고 그대는 얘기하지
    조금은 걱정된 눈빛으로
    조금은 미안한 웃음으로
    그래 아마 난 세상을 모르나 봐
    혼자 이렇게 먼 길을 떠났나 봐
    하지만 후횐 없지 울며 웃던 모든 꿈

그것만이 내 세상
하지만 후회 없어 찾아 헤맨 모든 꿈
그것만이 내 세상
그것만이 내 세상

사실 전국에서 무수한 젊은이들이 이런 심정으로 학생운동에 발을 내디뎠을 것이다. 그때는 대학교 4학년 선배가 엄청난 존재로 여겨졌는데, 지금은 1학년 학생은 물론 4학년 학생도 어려 보인다. 그러나 당시 20대 초반의 수많은 대학생들과 청년들은 세상을 바꿔보자고 나섰다. 물론 그 대가는 개인이 감당하기엔 너무 크고 무거웠다. 미숙하고 영글지 않은 상태에서 사회와 역사에 대한 책무를 자처했으니 가혹하기도 하다. 감당이 안 돼 중도에 무너지는 사람도 있었다. 목숨을 잃거나 몸과 마음에 상처를 입은 사람도 많았다.

법대 동기로 같이 잘 어울렸던, 정의감이 남달리 투철했던 이홍구 군(현 판사)은 '민주화추진위원회'에 가입해 활동했다는 이유로 1985년 체포되어 1년 6개월을 감옥에 갇혀 있었다. 1985년 학내 시위를 주동했다는 이유로 학교에서 제적당한 대학 입학 동기 권인숙 양(의류학과, 현 명지대 교수)은 '노학연대'를 몸소 실천하기 위해 노동현장에 투신했다 1986년 체포되어 부천경찰서에서 입에 담기도 괴로운 가혹행위를 당했다. 그런데도 안기부와 언론은 권 양이 성을 "혁명의 도구"로 사용하고 있다면서 공격을 퍼부었다. 1986년 4월, 대학 한 해 후배이지만 나이는 나와 같은 김세진(미생물학과), 이재호(정치학과) 군은 신림동 4거리에서 대학생 전방입소 거부시위를 주동하다가 몸에 시너를 붓고 불을 붙였다. 그 외에도 법대 탈춤반활동을 했던 멋진 풍모의 넉살 좋은 2년 위 선배는 강제로 군대에 끌려갔다가 정신이 이상해져 돌아왔고, 끝내 자살했다. 악명 높았던 군대 내 '녹화사업'의 결과였다.

한마디로 야수들이 권력을 쥐고 휘두르는 야만의 시대였다. 이 야수들에 맞서 싸우는 것은 인간의 의무였다. 암울한 시대 속에서 우리는 '청춘찬가'를 부를 수 없었다. 80년대는 '혁명'을 꿈꾸고 추구했던 시대였다. 독재와 민주 간의 전면전이 벌여졌던 시대였다. 하워드 진Howard Zinn의 저서명을 빌려 말하면, "달리는 기차 위에 중립은 없다."[21] 수많은 젊은이들이 '전사', '투사'가 되어 각자의 '전선'으로 달려갔다. 독재정권의 강고한 아성에 작은 흠집이라도, 작은 구멍이라도 내면 족하다는 마음으로 돌진하고 또 돌진했다. 집, 학교, 사회에서 다들 "계란으로 바위 치기"란 말을 수도 없이 들었지만, 영화 「변호인」 양우석, 2013에 나오는 명대사처럼 "계란은 살아서 죽은 바위를 넘는다"는 마음이었을 것이다.

그때 우리는 지금의 '88만 원' 세대와는 다른 차원에서 불행한 세대였다. 우리는 자신을 버리고 세상의 불합리함에 맞서 소외된 사람들의 편에 서겠다는 사명감 또는 부담감을 안고 청춘을 보냈다. 그리고 그것이 모이고 모여 쌓이고 쌓여 세상을 바꾸었다. 1987년 6월 항쟁이 바로 그 증거다.

 4.19 세대의 대표적 문학평론가 고故 김현 선생은 "나는 거의 언제나 4.19 세대로서 사유하고, 분석하고, 해석한다. 내 나이는 1960년 이후 한 살도 더 먹지 않았다"라고 말한 바 있다. 나 또한 마찬가지다. 1987년 6월 "호헌철폐, 독재타도"를 외치며 서울 시내 거리 곳곳을 뛰어다니던 대학원생은, 진짜 세상을 몸으로 공부했던 그 시절의 모습 그대로 지금까지 내 속에 살아 있다.

사노맹 그리고 수감생활

1987년 6월 항쟁이 일어나기 몇 달 전인 1986년 말쯤으로 기억한다. '강철서신' 시리즈가 대학가에 유포됐다. 「미제의 스파이 박헌영으로부터 우리는 무엇을 배울 것인가」라는 첫 번째 글 이후 '수령론', '품성론' 등의 서신이 이어졌다. 나중에 밝혀졌지만, '주체사상'을 민주화운동의 사상으로 받아들이자는 이 서신은 서울대 법대 동기였던 김영환 군이 작성·유포한 것이었다. 이 서신을 놓고 학생운동 전체에서는 갑론을박이 이어졌다. 서울대 학생운동권은 '비주사파'가 다수파였지만, 전국적으로는 '주사파'가 다수파가 됐다. 이후 김영환 군은 1989년 북한으로 들어가 조선노동당에 입당하고 돌아와 반제청년동맹, 민혁당 등의 비합법 활동을 했음이 밝혀졌다.

'강철서신'을 접하자마자 나는 이건 아니라고 확신했다. 북한은 정치적으로 억압적이고 경제적으로 비효율적인 체제였고, 이는 우리가 바라던 대안 사회가 아니었다. 그러나 운동권은 '주사파'로 경도되어가고 있었다. 이들은 주체사상이야말로 한반도 전체의 진보를 위한 정치사상이며, 조선노동당이 한반도 전체에서 유일하게 진보를 향도하는 정당이라고 확신하고 있었다. 이를 부정하는 사람은 '부르주아 자유주의' 또는 '미 제국주의'에 오염된 사고를 버리지 못했기 때문이라고 비난하기까지 했다. 싸워야겠다고 판단했다. 뜻이 맞는 대학원생 친구들과 함께 주체사상을 비판적으로 검토하는 작업에 착수했고, 1989년 『주체사상비판』이란 책을 출간했다. 당시 같이 작업했던 사람으로는 이진경(현 서울산업대 교수), 진중권(현 동양대 교수) 등이 있다. 책 출간 이후 '주사파' 활동가들이 이 책에 대해 분노했다는 얘기를 들었지만, 개의치 않았다.

돌이켜보면, 주체사상도 마르크스 레닌주의도, NL도 PD도 각자의 의의와 한계를 가지고 있었다. 한국 사회에 터를 잡은 토착적 진보 이론과 실천을 만들어내기 위한 고민과 몸부림의 산물이었다. 진지하고 열정적이었지만, 동시에 조야하고 저열한. 오랜 세월이 지난 후 북한민주화운동가로 변신한 김영환을 만났을 때 만감이 교차했다. 그가 극단적 '친북'에서 극단적 '반북'으로 이동하면서 남쪽 문제에는 침묵하고 있다면,

나는 '비남비북批南批北'을 고수하고 있기에.

나는 당시의 분위기와는 별도로 사회주의 이론과 실천을 공부했다. 1987년 헌법이 만들어지고 대통령 직선제가 도입됐다. 그러나 5.17 쿠데타와 광주민주화운동의 진압 책임자가 민선으로 대통령이 된 현실을 인정할 수 없었다. '민선정부'이지만 국가권력의 폭력성은 여전했다. 1991년 4월 명지대학교 1학년 강경대 군이 전경들의 쇠파이프에 맞아 숨졌다. 1991년 말 소련은 자체 모순으로 붕괴됐지만, 세계적 차원에서 자본주의의 모순은 여전했으며 한국 자본주의의 모순은 확대재생산되고 있었다. 페레스트로이카perestroika, 러시아어로 '재편'을 의미하는 소련의 사회주의 개혁 이데올로기를 통해 드러난 소련의 모습은 사회주의와는 거리가 멀었기에, 소련 붕괴의 충격은 그다지 크지 않았다. 한국의 진보와 개혁을 위해서는 자유주의—반공수구 자유주의가 아닌 진보적 자유주의라고 하더라도—만으로는 불충분했다. 한 걸음 더 나아가야 했다. '좌 클릭'이 필요하다고 판단했다.

당시 나의 공부는 철저히 사회와 연결되어 있었다. 물론 자본주의의 모순을 해결할 수 있는 대안을 공부한다는 게 쉽지 않았다. 마르크스와 레닌 등 사회주의 관련 서적은 금서로 묶여 있었다. 소지하고 있다는 것만으로도 처벌 대상이었다. 서구 복지국가의 초석이 된 사회민주주의 이론도 제대로 소개되지 못했다. 겨우겨우 구한 외국 서적을 아마추어들이 번역한

도서를 가지고 공부해야만 했다. 내용도 풍부하지 못했고, 번역도 거칠고 조악했다. 영어로 번역된 책이 일본어로 다시 번역되고 우리말로 중역되었으니 문장을 이해하는 것조차 쉽지 않았다. 마치 해적판 음반을 듣는 듯했다. 그렇지만 당시 사회의 모순을 해결할 수 있는 실마리를 찾을 수 있는 거의 유일한 공부 방법이었기에 단어 하나, 문장 하나에 집중하며 몰입했다. 이진경, 진중권 등 대학원 친구들과는 마르크스 독일어 원전을 구해 끙끙대며 읽기도 했다.

대학원 박사과정을 수료한 후, 1992년 3월 울산대학교 법학과 전임강사로 채용됐다. 울산은 고향 부산에서 멀지 않은 곳이라 마음 편했고, 노동운동의 메카라는 점도 끌렸다. 요한 갈퉁Johan Galtung의 인권 개념을 빌려 말하자면, 1987년 6월 항쟁으로 유산계급의 '청색 인권'은 법적으로 보장하기 시작했지만 무산계급의 '적색 인권' 보장은 여전히 요원했다.[22] 최인훈 선생의 『광장』 서문에는 "저 빛나는 4월이 가져온 새 공화국"이라는 표현이 나온다. 이처럼 "저 빛나는 6월이 가져온 새 공화국"은 뒤이은 7~9월 노동자대투쟁의 요청을 제대로 반영하지 못했던 터였다.

울산행을 결심하면서 직간접적으로 노동운동을 도울 수 있을 것이라 생각했다. 당시 몇몇 지인들도 노동운동을 하러 울산에 가 있었다. 대학에서 학생을 가르치고 논문을 쓰면서,

종종 노동운동 단체의 요청에 응해 전공도 아닌 노동법 등에 대해 야간 강의를 했다. 대학원 시절에 부천 지역에서 1년 이상 노동야학을 한 경험이 있었기 때문에 별로 어색하지 않았다. 대학 졸업장을 포기하고 직업적 노동운동가가 된 여러 선배들의 길을 따를 용기는 없었지만, 할 수 있는 범위 내에서 '노학연대'를 하려 했던 것이다. 울산 생활은 행복했다. 평생 울산에 있을 생각이었다.

그런데 울산에서 터를 잡고 소명을 다하며 살겠다는 결심은 얼마 지나지 않아 피할 수 없는 변화를 맞이하게 됐다. 1993년 6월, '사노맹남한사회주의노동자동맹' 산하 '남한사회주의과학원' 사건에 연루되어 국가보안법 위반으로 구속된 것이다. 구속 직후 국제앰네스티는 나를 '양심수'로 지정하고 석방을 호소하는 성명서를 발표했다. 나는 수사가 시작되어 1심 재판에서 집행유예 선고를 받고 석방되기까지 5개월 약간 넘는 기간을 수번 118번으로 서울구치소에 갇혀 있어야 했다.

사노맹은 급진적인 노동운동조직이었다. 노동자계급을 중심으로 자본주의의 모순을 해소하고 민중 중심의 민주주의 체제를 수립한다는 강령을 가지고 있었다. 지금 시점에서 보면 레닌주의 냄새가 물씬 나는 명칭과 강령이라 생경하게 느껴질 것이다. 당시 운동권 사람들은 마르크스 레닌주의 이론과 실천을 소화·흡수하느라 바빴고, 그 용어와 논리를 즐겨 구사했다. 그러나 요즘 말로 표현하면 '정치적 민주화'를 넘어 '경제적 민주화'를 이루자, '형식적 민주화'를 넘어 '실질적 민주화'를 이루자, 시민적 권리를 넘어 노동인권 등 사회경제적 권리가 보장되는 세상을 만들자는 것이었다. 당시에는 사노맹 외에도 인민노련, 삼민동맹, 노동계급 등 여러 사회주의운동체가 등장했고, 이는 이후 민주노동당 등 합법적 진보정당으로 이어졌다.

사노맹과 인연을 맺게 된 것은 백태웅 선배(현 미국 하와이 대학 로스쿨 교수) 때문이었다. 백 선배는 법대 1년 선배인 데다 고향 선배이자 동아리 선배이기도 했다. 이런 인연으로 대학 생활 내내 가깝게 지냈다. 대학원 박사과정에서 공부할 무렵, 백 선배가 사노맹을 만들어야겠다고 의지를 표시했다. 나도 자본주의 모순을 분명히 드러내고 독점재벌과 대결하는 운동은 반드시 필요하다는 신념을 가지고 있었기에 손을 잡기로 했다. 당시 나는 주체사상과 선을 그은 후 레닌주의 이론과 페레스트로이카 이론을 연이어 접하면서 자본주의의 문제점과 극복 방안을 고민하고 있었다.

이후 사노맹은 공안당국에 의해 와해됐고, 두 명의 '반국가단체 수괴' 중 박노해 시인은 무기징역, 백 선배는 징역 15년에 처해졌다. 두 사람의 형량 차이는 재판 시기와 재판부 성향 등의 차이도 있겠지만, 고졸 노동자와 서울대 법대 졸업자라는 피고인의 신분 차이가 작동한 것이 아닌지 의심이 간다. 만약 사노맹 사건이 최근 일어났더라면, 두 사람 모두 집행유예로 석방되지 않았을까 추측한다. 돌이켜보면, 사노맹은 '혁명의 시대'의 마지막 장과 '정치의 시대'의 첫 장 사이에서 발생한 조직사건이었다. 이후 사노맹은 공식 입장표명 없이 자진 해산했지만, 한참 후 나의 활동에 대한 서류가 발견되면서 갑작스럽게 수사를 받게 된 것이다.

사노맹이 추구하는 사회주의와 내가 생각하는 사회주의 사이에는 차이가 있었다. 그러나 당시에는 이러한 차이가 중요하지 않았다. 소련은 붕괴했지만 한국에는 사회주의 운동이 필요하다고 판단해 동참한 것이다. 또 공부가 행동으로 이어져야 한다는 신념도 있었다. 나는 '휴머니즘적 사회주의'를 제창한 에리히 프롬Erich Fromm의 유명한 명제를 믿었고 이에 따라 행동했다.

"사회주의는 근본적이어야 한다. 근본적이라는 것은 뿌리에로 접근하는 것이다. 그리고 그 뿌리는 인간이다."[23]

백 선배와 사적 인연이 깊어서였을까, 젊은이의 만용이었을까, 아니면 순진하고 철이 없어서였을까. 감옥에 가게 되고 교수직을 버리게 됐지만 크게 후회하지는 않았다. 많은 친구와 선배들이 이런저런 사건으로 감옥을 갔던 바, '별로 한 것도 없는데 내 차례가 왔구나' 정도로 생각했다. 물론 수사받고 재판받는 동안 불안과 걱정이 떠나지 않았다. 울산으로 내려와 교수로서의 생활과 지역 노동운동을 도와주는 일을 한 지 얼마 되지 않아 덜컥 일이 터져버린 탓에 나를 아끼는 주변 분들에게도 폐를 끼쳤다. '아, 세상일이 내가 원하는 것처럼 되는 게 아니구나' 하는 열패감도 느꼈다. 시간을 거꾸로 돌려 백 선배의 제안을 받은 순간으로 돌아간다면 어떤 선택을 했을까 고민하기도 했다. 아무리 고민해도, 역시 그의 손을 뿌리치진 않았을 것 같다.

나의 수감 생활을 궁금해하는 사람들을 더러 만나곤 한다. 반 년도 채 안 되는 수감 생활은 다른 양심수나 민주화 투사의 고초에 비하면 아무것도 아니다. 감옥에 갔다 왔다고 말하기도 쑥스럽다. 넬슨 만델라Nelson Mandela나 우리나라 양심수들에 비하면 '옥고'라는 말을 꺼내기도 부끄럽다. 독방 생활하며 그간 읽지 못한 책을 다 읽었고, 무료함을 없애기 위해 요가나 푸시업 등 운동을 열심히 했으며, 다른 수인에게 요구르트 발효주 만드는 법을 배워 만들어서 맛보기도 했다. 감옥 안에는 온갖 종류의 사람이 들어오고 또 온갖 일이 벌어졌기에, 형사법 학사로서 '참여관찰'을 할 수 있는 좋은 기회이기도 했다. 빨간 수번 딱지를 가슴에 붙이고 포승에 묶여 생활해야 하는 사형수와 간식을 나눠먹으며 대화하기도 했고, 조폭 중간간부와 목욕탕에서 벌거벗고 기 싸움을 하기도 했으며, '개털'이라 불리는 힘없고 돈 없는 수인들의 항소이유서를 써주기도 했다.

누군들 감옥에 가고 싶겠는가. 공안경찰과 검사의 신문을 받고 법정에서 수의를 입고 피고인으로 서는 경험이 어찌 즐겁겠는가. 그러나 당시 운동권에 몸담은 젊은이들은 감옥에 가는 것을 당연한 수순으로 여겼다. 현재 활동하는 진보적 지식인이나 학자 중 상당수는 그런 경험을 했다. 그 시절 많은 사람들이 투옥은 물론, 목숨까지 희생할 각오로 군부독재와 독점재벌에 맞섰기 때문에 진보정당도 만들어지고 '경제민주화', '복지국가'란 화두도 대중화됐다. 서울구치소 독방에 있으면서 1982년 대학 입학 후 1993년 구속까지 약 10년을 총괄했고, 출소 후 새로운 10년 동안 무엇을 할 것인가 계획도 세웠다. 가족을 비롯한 주위 사람들은 걱정했지만, 사노맹이 이미 해산된 상황이라 수사가 시작되는 초기부터 1심 집행유예를 예상했고 그 예상은 들어맞았다. 1심 재판장은 김황식 판사였는데, 그는 감사원장을 거쳐 국무총리가 됐고 얼마 전 새누리당 서울시장 예비 후보로도 나섰다. 변호인단 대표는 천정배 변호사였는데, 그는 이후 국회의원을 거쳐 법무부장관이 됐다. 변호를 맡아준 대학 동기 장주영 변호사는 현재 민주사회를 위한 변호사 모임 회장으로 활동하고 있다. 피고인이었던 나는 이렇게 살고 있다.

창살 안의 감옥에서 꿈꾸는 자유는 아주 소박하다. 백인우월주의 정권에 맞서 무장투쟁까지 전개하다가 초장기수로 감옥에 갇혀 있어야 했던 만델라는 "갇혀 있는 것은 극심한 고통이다. 자유, 그것은 사랑하는 사람의 눈을 볼 수 있는 것이다"[24] 하고 말했다. 사랑하는 사람의 눈을 한 번이라도 제대로 봤으면 하는 바람이 곧 자유다.

그런데 창살 밖의 세상은 정말 자유로울까? 자신의 정치적 대표를 뽑을 수 있는 투표권이 확보됐다고 자유로워졌다고 말할 수 있을까? 학교, 회사, 공장 등에서 우리는 자유로운가? 장 자크 루소Jean-Jacques Rousseau가 "인간은 자유롭게 태어났지만, 어디서나 쇠사슬에 묶여 있다"[25]라고 말한 것처럼, 우리 주변에는 자유를 옥죄는 쇠사슬이 곳곳에 있다. 눈에 보이지 않아도 그 쇠사슬은 너무나 견고하게 우리를 묶고 있다. 공부는 호기심으로 시작되지만 결국 끊임없이 생겨나는 물음에 답하는 과정을 겪어야 한다. 과연 이 쇠사슬이 옳은 것일까? 나는 옳지 않다고 생각했다.

현재에 발 딛은
유토피아를 꿈꾸다

　　1987년 헌법체제 이후 두 번의 '민주정부'가 들어섰지만, 1997년 'IMF 체제'가 요구한 신자유주의의 요구는 우리 사회의 근본을 바꿔놓았다. 김대중, 노무현 정부 모두 신자유주의적 경제 정책을 충실히 집행했다. 반독재·민주화운동의 '투사'들도 심화되는 자본주의의 모순과 싸우는 데는 주저했다. 그 결과 정치적 민주화는 경제적 민주화로 이어지지 못했다. 안착된 줄 알았던 정치적 민주주의도 이명박·박근혜 정부 아래에서 뿌리가 흔들리고 있다. 소련 등 국가사회주의가 붕괴했지만 자본주의의 모순은 전혀 사라지지 않았다. 오히려 더욱 심화되고 첨예화되고 있다. 지그문트 바우만Zygmunt Bauman의 예고는 우리나라 상황에도 딱 들어맞아 공포스럽기까지 하다.

"현재 추세대로라면, 경제성장은 우리 대부분에게 더 나은 미래를 약속하지 않는다. 오히려 이미 압도적 다수인데도 여전히 그 수가 급증하고 있는 많은 사람들이 지금보다도 더 심각하고 냉혹한 불평등과 더 불안정한 조건 및 더 많은 추락과 원통함과 모욕과 굴욕을 겪게 될 것임을 예고한다. 즉, 사회적 생존을 위한 지금보다 훨씬 더 힘든 싸움을 예고한다."[26]

이와 같은 자본주의의 모순은 백태웅 선배가 사회주의 혁명가에서 국제인권법 교수로 변신하고, 박노해 시인이 "노동의 새벽" 대신 "구도자의 밤"을 추구하고 있는 상황에서도 한국 사회에서 변함없이 확대재생산되고 있다. 개발 정책에 맞서 주거권을 지키다 '용산 참사'를 당한 철거민들, 정리해고 후 불행한 삶을 이어가고 있는 쌍용자동차의 해고노동자들, 삼성반도체에서 일하다 차례차례 20대 초반에 백혈병에 걸려 숨진 노동자들을 떠올려보라. 북한 체제의 온갖 문제점에 대해 목청을 높이는 것은 쉬운 일이다. 그렇다고 남한 자본주의의 모순이 사라지는 것은 절대 아니다. 자본주의 모순을 비판하는 최고 이론은 여전히 사회주의다. 그럼에도 우리 사회는 오랫동안 사회주의에 대해 '빨갱이'라는 딱지를 붙이고 악마시惡魔視하는 데 급급했다. 토니 주트Tony Judt의 서술 또한 21세기 한국의 상황과 맞닿아 있다.

"사회주의라는 말에 당황스러운 침묵으로 대응하는 것은 오직 미국만의 특수한 현상이다. […] 미국에서 이루어지는 공공 정책에 대한 논쟁의 방향을 바꾸는 데 필요한 과제 가운데 하나는 '사회주의'의 기미가 보이거나 그 같은 성향을 지닌 것으로 판단될 수 있는 그 무엇에 대해서든 의심부터 하고 보는 미국인들의 뿌리 깊은 성향을 극복하는 것이다."[27]

자본주의의 모순을 분석하고 비판하며 대안을 마련하자는 것이 사회주의인데, 그 필요성을 무조건 색안경을 쓰고 무시하는 것은 비이성적이다. 자본주의의 모순 해결에 필요한 것임에도 냉전의 논리로 무작정 반대하는 것은 또 다른 폭력이다. 사회주의를 비롯해 자본주의의 문제점을 지적하고 대안을 마련할 수 있는 이론과 사상을 제대로 공부하지 않고서는 그와 같은 모순을 없애거나 줄일 수 없다. 조지 오웰은 스페인 내전에 참전하고 많은 좌절과 실망을 겪었음에도 이렇게 말했다.

"지금은 사회주의가 평등과는 아무런 관계가 없다고 말하는 것이 유행임을 나도 잘 안다. 세계 모든 나라에서 상당한 수의 어용 문사文士와 말주변 좋은 교수들이 사회주의란 약탈적 동기를 그대로 놓아둔 계획적 국가자본주의에 불과하다는 것을 '증명'하느라 바쁘다. […] 보통 사람들이 사회주의에 매력을 느끼고 사회주의를 위해 목숨을 거는 이유, 즉 사회주의의 '비결'은 평등사상에 있다."[28]

자본주의가 온갖 모순을 드러내고 있는 대한민국 사회에서 '평등사상'은 여전히 소중하다. 이 사상을 구현하는 것이 시대적 과제다. 알랭 바디우 Alain Badiou는 "어떻게 하면 더 많은 사람들에게 더 많은 평등한 기회를 부여할 수 있는가에 대한 답을 해야 하는 것이 정치의 고민이다"라고 하지 않았던가.[29]

한자로 '사회(社會)'와 '회사(會社)'는 어순만 다르다. 그러나 두 단어의 의미는 완전히 다르며 또 달라야 한다. '사회'는 민주의 원리가 작동되지만, '회사'는 이윤의 논리가 작동되는 곳이다. '회사'가 '사회' 위에 서면 민주주의는 죽는다. 이 점에서 민주주의는 '회사주의'가 아니라 '사회주의'다! 고원 교수의 정확한 지적처럼, 선진국에서 민주주의가 깊게 뿌리내릴 수 있게 된 배경에는 민주주의가 "정치적 자유의 수준을 넘어서 그 사회구성원의 실질적 삶에 직결되는 '사회권social right'의 실현으로까지 그 영역을 확장시켰기 때문"이었음을 명심해야 한다.[30] 국가사회주의 붕괴 이후에도 리영희 선생이 공언한 다음과 같은 말씀의 무게는 묵직하다.

"소위 '신자유주의'라는 무한경쟁 시장경제의 비인간성,

사회적 다윈이즘의 극단 형태인 경제·사회적 약육강식과 그 무자비성, 윤리성을 상실한 과학·기술 만능주의, 자본의 과학·기술 지배구조로 말미암은 인간과 인류의 미래에 대한 공포 등, 사회주의에 대해서 21세기가 거는 요구와 기대는 19세기나 20세기의 소수 국가들에서 보였던 체제로서의 사회주의에 못지않다고 나는 확신하고 있어요."[31]

냉전, 전쟁, 분단으로 과잉우경화되어 있는 정치지형을 생각하면, 사회주의의 합리적 핵심을 우리 사회에서 실현하기 위해 노력하는 사람들이 더욱 많아져야 한다. 그러나 이와 동시에 "과학적 진리와 윤리적 당위라는 뒤섞을 수 없는 두 개의 영역을 마구 섞어버리는" 마르크스주의의 편향은 극복해야 한다. 언어학자 출신으로 스웨덴 복지국가의 이론적·실천적 기반을 닦은 에른스트 비그포르스Ernst Wigforss의 관점을 빌리면, "사회민주주의의 도래는 '입증'되고 말고 할 과학적 진리의 문제가 아니라, 그것을 윤리적 당위로 받아들이는 이들이 삶에서 실천으로 '구현'해야 할 문제"이다.[32] 그리고 "잠정적 유토피아", 즉 "'현재'로부터 생겨나고 또 '현재'에 발 딛고 있는 유토피아"를 설정하고 이를 일상 정치와 결합시켜 한 걸음 한 걸음 나아가야 한다.[33]

변화는
내면의 작은 용기에서
시작된다

"일찍이 아시아의 황금 시기에 빛나던 등불의 하나인 코리아, 그 등불 다시 한 번 켜지는 날에 너는 동방의 밝은 빛이 되리라."

오래전 인도 시인 타고르Tagore는 '동방의 등불'이라는 시에서 우리나라를 이렇게 노래했다. 두려움 없는 마음과 굴종하지 않고 높게 치켜든 머리, 자유로운 지식이 있고 조각조각 갈라지지 않은 곳이 바로 코리아라고 했다. 오늘날 한국이야말로 민주화와 산업화를 단기간에 동시 이룩한 나라라는 평가를 접하거나 최근 점점 넓게 퍼져나가고 있는 '한류 열풍'을 보면, 타고르의 예언에 고개가 끄덕여지고 뿌듯해지기도 한다.

그러나 동시에 심각한 위기도 느낀다. 군사독재는 사라졌지만 그 자리에 시장독재가 들어섰기 때문이다. 최근 프란치스코Jorge Mario Bergoglio Francis 교황의 발언은 지금 우리가 살고 있는 세상에서 무엇이 잘못되고 있는지 그 현주소를 정확히 밝히고 있는 것 같다. 그의 발언은 한국의 어느 좌파보다 더 좌파적이다.

"오늘날 배제와 불평등의 경제에 대해 '그래서는 안 돼'라고 말해야 한다. 경제가 사람을 죽이고 있다. 나이 들고 집 없는 사람이 노숙을 하다 죽었다는 것이 뉴스가 되지 않는 반면, 주가지수가 2포인트 떨어졌다는 것이 뉴스가 된다. 어떻게 이럴 수 있나? 이는 배제의 사회다. 사람들이 굶어 죽어가고 있는데 음식이 버려지는 상황을 계속 지켜만 보고 있을 수 있나? 이는 불평등의 사회다. 오늘날은 경쟁과 적자생존의 법칙 아래에 모든 것이 지배되고 있다. 힘이 있는 사람이 힘이 없는 사람을 착취하며 살고 있는 사회다. 그 결과 많은 사람들이 배제되고 비참한 존재가 되고 있다. […] 우리는 새로운 우상들을 창조했다. 고대 황금 송아지에 대한 숭배(출애굽기 32:1~35 참조)가 돈이라는 우상과 인간을 위한 진정한 목적이 결여된 비인격적인 경제 독재라는 새롭고 잔인한 형태로 변신했다."[34]

물질적 부의 규모는 이전보다 훨씬 커졌는데 반대로 개개인의 삶은 훨씬 더 불안해졌다. '경제 정의'가 무너지고 있다. 1987년 6월 항쟁이 한국의 정치적 환경을 바꾸었다면, 1997년 IMF 위기는 한국의 경제적 환경을 바꾸었다.

    박사학위를 취득하고 돌아온 1998년의 한국 사회는 이전의 사회와 달랐다. 군사독재는 사라졌지만 물신독재가 자리 잡았다. 신자유주의, 정리해고, 비정규직, 88만원 세대 같은 낯선 단어가 사람들을 두려움과 공포로 떨게 했다. 군사독재에 맞서 모든 것을 버리고 싸웠던 투지와 용기는 사라졌다. '호모 이코노미쿠스Homo Economicus'로 살기에 급급했던 우리는 순식간에 '호모 사케르Homo Sacer', 즉 '벌거벗겨진 생명'으로 전락해 처분만 기다리는 존재가 됐다. 살아남아야 하는 절박한 상황에서 돈과 출세가 삶의 최고 목표로, 심지어 최고 미덕으로 받아들어진다. 참담한 일이다. 1987년 6월 항쟁이 이룬 정치적 민주주의는 다시 위기에 처했다. 나는 샹탈 무페Chantal Mouffe가 민주주의에 대한 경고로 남긴 글의 진짜 의미를 확실히 알게 됐다.

"민주주의는 불확실하고 일어날 법하지 않은 어떤 것이며, 당연한 것으로 받아들여서는 안 된다. 민주주의는 항상 허약한 정복이며, 심화시키는 만큼 방어도 중요하다. 일단 도달하면 그 지속성을 보증할 민주주의의 문턱 같은 것은 없다."[35]

민주화운동은 아직 끝나지 않았던 것이다. 아니, 어쩌면 끝날 수가 없는 것이었다. 지난 대선 기간에 여야 후보 모두는 '경제민주화'와 '복지국가'를 약속했다. 그러나 현실은 변화가 없다. 아무도 체감하지 못한다. 많은 시민들은 '시장권력' 또는 '시장강자'의 위세에 눌려 인간의 존엄을 상실하고 있다. 심지어 정당한 노동을 해도 그 대가조차 받지 못하는 경우가 많다.

김동춘 교수의 개념을 빌리면, IMF 위기 이후 한국은 기업의 논리가 사회를 지배하는 '기업사회'가 됐다.[36] 그 현주소는 어떤가. 곳곳에서 "먹고살기 힘들다"라는 소리가 터져 나온다. 1인당 국민총소득GNI 2만 달러(2만 2000~3000달러) 시대라지만, 세금으로 나가는 정부소득과 기업이 가져가는 소득을 빼고 남는 1인당 개인총처분가능소득PGDI은 1만 3000~4000달러 수준으로 떨어진다. 때문에 국민소득 2만 달러 시대인데도 대부분의 시민이 살기 빠듯하다고 느낄 수밖에 없다.

"비인격적인 경제 독재"의 정점에는 재벌 일가가 있다. 이들은 최강의 경제권력자들로, 명실상부한 '사회귀족'이다. 생래적生來的 비교우위를 가지고 태어난 이들은 경제를 넘어, 정치, 사회, 문화 모든 영역을 지배하고 있다. 1987년 6월 항쟁으로 군사독재가 무너져 정치권력은 5년마다 바뀌지만, 경제권력의 독재는 변함이 없다. 너무 심한 경제범죄가 들통나서 가끔씩 총수가 감옥에 가는 일도 있지만, 그의 영향력 자체는 이후에도 견고하게 유지된다. 총수를 수사·기소했던 검사, 판결을 내린 판사는 사건 종결 후 종종 총수의 변호인으로 변신한다. 최고위 공무원들은 속속 재벌임원으로 합류해 대정부 로비에 앞장선다. 정당, 언론, 심지어 학계도 '새로운 독재'의 눈치 보기에 급급하거나 그들에게 적극적으로 영합한다.

프란치스코 교황은 '교황 권고'에서 "규제 없는 자본주의는 새로운 독재"라고 질타했다. 그는 "살인하지 마라"는 십계명이 인간의 생명을 지키기 위한 규제였던 것처럼, 오늘날 사람을 죽이고 있는 배제와 불평등의 경제도 금지되어야 한다고 말했다. "경제적 살인을 하지 마라"가 현대 사회의 새로운 십계명이라는 말씀이다.

'경제적 살인'의 주된 피해자는 '호모 파베르Homo faber, 노동하는 인간'다. 실제로 지금도 수많은 노동자들이 산업재해, 직업병, 자살 등으로 죽어가고 있다. 지난해 개봉된 화제의 영화 「또 하나의 약속」김태윤, 2013은 '경제적 살인범'에 의해 '피살'된 노동자의 이야기를 다뤘다. 영화 속에서 재벌 인사관리팀장은 반도체 공장에서 일하다가 백혈병에 걸려 숨진 20대 초반 여성 노동자의 아버지를 비웃으며 내뱉지 않던가. "정치는 표면이고 경제가 본질이죠."

1987년 헌법이 보장하는 대의민주주의의 틀은 그대로지만, 그 위에 사회귀족의 과두정이, 그리고 시장경제의 이름을 내걸고 족벌지배 자본주의가 자리 잡았다. 그리고 독재정권을 무너뜨리고 민주공화국을 세웠던 주권자들이 언제부터인가 이들 사회귀족을 선망하거나 두려워하는 마음을 가지게 됐다. "일자리를 만들고 국민을 먹여 살리는 게 누군가"라고 말하며 '경제적 살인범'들을 두둔하기도 한다. 이제 경제권력은 새로운 '황금 송아지'가 됐다.

한편 비즈니스의 '갑을 관계'는 '주인과 노예'의 관계로 변질됐다. '을'로 통칭되는 사람들의 억울함과 고통은 이제 참을 수 있는 한도를 넘어섰다. '남양유업' 사건으로 공론화된 비상식적인 '갑을 관계'의 문제는 비단 남양유업만의 문제가 아니다. 사회 곳곳에서 볼 수 있다. 편의점, 대리점, 아르바이트, 비정규직, 하청업체 등에서 확인되는 '갑을 관계'를 보면 '사회적 노예제도'가 부활한 듯하다. 개인이 아무리 노력해도 계급 이동이 어려워진 사회는 고려시대 노비 만적이 규탄했던 "왕후장상의 씨"가 대대로 이어지는 사회에 다름이 아니다. 일찍이 영국 법제사가 헨리 메인Henry Maine은 "신분에서 계약으로"의 변화가 중세에서 근대로 변화한 것의 핵심이라고 갈파했다. 그런데 21세기 현대 한국에서 '계약'의 형식을 빌려 재벌을 정점으로 하는 '신분제'가 되살아나 작동하고 있는 것이다.

기성세대는 물론, 청년 학생들도 '88만 원 세대', '삼포세대' 등의 단어를 공유하며 위축되고 있다. 무작정 공무원 시험에 매달리거나 아르바이트로 연명하는 '프리터족'이 늘어나고 있다. 아예 일자리를 구할 의지가 없는 젊은이들, 즉 '니트족' 도 급증하고 있다. 겨우 구한 직장은 비정규직인 경우가 거의 대부분이니 의미도, 재미도 느낄 새가 없다. 대부분의 노동자들에게 오늘날은 생존의 몸부림만 쳐야 하는 서글픈 인생이다. "아프니까 청춘이다"라고 위로하기에도 미안하기만 하다.

    청년 학생들이 눈앞에 펼쳐진 삶의 캔버스 앞에서 붓을 들고 마음껏 그림을 그리지 못하고 있다. 캔버스에 밝고 화려한 색깔의 물감이 아니라 어두운 색 물감을 칠해야 할 것 같은 두려움에서 자유롭지 못하다. 일자리 문제, 주택 문제, 결혼 문제 등에 대한 걱정 때문에 세상이 온통 회색빛으로 보인다니 기성세대로서 참으로 미안하다. 이러한 상황에서 '동방의 등불'은 그 불빛을 밝히기도 전에 사그라지는 게 아닌지 걱정이다.

    다른 말 다 젖혀두고 이 말부터 하고 싶다. 겁내지 마라. 두려워하지 마라. 기죽지 마라. 쫄지 마라. 길들여지지 마라. 포기하지 마라. 굴복하지 마라. 그리고 저항하라. 한국 역사를 보라. 한국인들은 굴복하지 않고 여기까지 달려왔다. 그리고 세계 역사에서 모든 인류는 지배, 억압, 공포에 맞서 싸우고 이기며 여기까지 왔다. 우리가 처한 어려움이 완전히 새로운 것은 아니다. 변화는 내면의 작은 용기에서, 즉 저항하는 마음에서 시작되며, 공부를 할수록 그 용기는 더욱 강해질 것이다.

호모 쥬리디쿠스
정의로운 인간

진보적 학풍의 심장,
버클리

사노맹 사건으로 구속됐다 석방된 다음 해인 1994년에 미국 유학을 떠났다. 사실 구속되기 전부터 유학을 고민하고 있었다. 이미 서울대에서 박사과정을 수료하고 논문제출자격시험까지 합격한 상태여서 서울대 논문을 준비할 수도 있었지만, '헌법적 형사법'의 본고장인 미국에서 심화된 공부를 더 하고 싶었다.

내가 공부를 한 미국 '캘리포니아 버클리 대학교University of California at Berkeley, 이하 '버클리'로 약칭' 로스쿨은 공립 로스쿨이다. 한국에서는 가수 싸이 등 음악인들이 다녀서 잘 알려진 보스턴 소재 '버클리 음악대학Berklee College of Music'과 한글표기가 같아 종종 혼동되기도 한다. 버클리 로스쿨은 높은 수준에 비해 학비는 동부 아이비리그 사립 로스쿨보다 훨씬 싸다. 게다가 미국에서 매우 진보적이고 자유로운 학풍으로 유명한 학교다. 학창시절을 통해 형성된 신념이나 경험은 나를 자연스럽게 버클리로 이끌었다.

버클리는 1960년대 미국 대학 내 정치활동과 표현의 자유, 학문의 자유 보장을 위해 벌어졌던 '자유언론운동 free speech movement'의 발상지였다. 한국 민주화운동권에서 애창됐던 「우리 승리하리라 We Shall Overcome」는 1964년 존 바에즈 Joan Baez가 긴 검은 머리 휘날리며 버클리에서 불렀던 노래다. 스프라울 광장 바닥에 박혀 있는 '자유언론 기념표식'에는 이런 문장이 새겨져 있다.

"이 땅과 그 위에 있는 우주공간은 어떤 나라의 일부가 아니며, 어떤 기구의 관할권에도 속하지 않는다."

유학 시절 나는 종종 모핏 Moffit 도서관 앞에 있는 자유언론운동 카페에 앉아 시간을 보내곤 했다. 나는 그곳에서 동서양과 시대의 차이를 넘어 표현의 자유가 얼마나 중요한지 되새기곤 했다. 또한 로스쿨 구내 카페 벽면에 걸려 있는 얼 워런 Earl Warren 연방대법원장의 대형 조상화를 바라보며 1960년대 그가 이끈 '혁명'의 거대한 의미와 성과를 생각하고 고민했다. 워런은 버클리 로스쿨 출신으로 공화당원이었는데, 드와이트 아이젠하워Dwight Eisenhower 대통령에 의해 연방대법원장으로 임명된 후에는 진보적 판결을 연이어 이끌어내 임명권자를 '배신'했다. 이후 아이젠하워는 워런의 임명을 두고 "내가 저지른 최악의 빌어먹을 멍청한 실수The worst damn fool mistakes I ever made"라고 한탄했다. 그러나 이 '혁명'으로 우리에게도 익숙한 인종차별 금지, 표현의 자유 보장 등이 이루어지고, '미란다 권리' 등 형사절차상의 인권도 확고히 정립됐다.

한편, 북캘리포니아 '베이 에어리어Bay Area' 지역도 여러 면에서 지적·감성적 영감을 주었다. 베이 에어리어의 대표 도시인 샌프란시스코는 미국 전역의 '꽃의 아이들flower children'이 모여들었던 히피 문화의 중심지다. 그리고 미국 최초로 동성애자 선출직 공직자가 되어 동성애자 인권옹호를 위해 노력하다 암살됐던 하비 밀크Harvey Milk가 시의원으로 당선됐던 것에서도 알 수 있듯이, 다양성을 중시하는 분위기가 만연한 곳이다. 다른 도시 오클랜드에는 '잭 런던 광장'이 있다. 잭 런던Jack London은 존 스타인벡John Steinbeck과 같이 북캘리포니아 출신의 미국 소설가로 사회주의, 또는 급진주의적 성향을 드러내는 디스토피아 소설『강철군화The Iron Heel』(1908) 그리고 원시적 생명력의 중요성을 보여준『야성의 부름The Call of the Wild』(1903),『하얀 어금니 White Fang』(1910) 등으로 유명하다.

버클리는 나를 실망시키지 않았다. 로스쿨 강의나 세미나에서 배운 것들이 정말 많다. 공부 도중 알게 된 인상 깊었던 미국 판결 하나를 소개하려 한다. 뉴욕 시장을 세 번이나 연임했던 이태리계 정치인 피오렐로 라과디아Fiorello La Guardia는 1930년대 초 대공황 시기에 뉴욕 시 치안판사로 재판을 하게 됐다. 그는 배가 고파 빵을 훔친 노인 사건을 맡아 노인에게 10달러 벌금형을 선고했다. 이어 그는 이렇게 말했다.

"배고픈 사람이 거리를 헤매고 있는데 나는 그동안 너무 좋은 음식을 배불리 먹었습니다. 이 도시 시민 모두에게 책임이 있습니다. 그래서 내 자신에게 벌금 10달러의 벌금형을 선고하며, 방청객 모두에게 각각 50센트 벌금형을 선고합니다."

방청객들은 순순히 벌금을 냈고, 라과디아는 이렇게 걷은 57달러 50센트를 노인에게 주었으며, 그는 10달러 벌금을 낸 후 47달러 50센트를 갖고 법정을 떠났다. 감동이었다. 라과디아는 공화당원이었지만, 루즈벨트의 '뉴딜 정책'을 지지했다. 이후 뉴욕 공항은 그의 이름을 따 라과디아 공항이 됐다.[37] 약자와 빈자의 기본적 생계를 보장해주지도 못하면서 처벌로만 대응하려는 사회구소에 일침을 놓고, 사회구성원의 공동책임을 강조한 그의 판결은 오래오래 내 가슴에 남았다.

문화적 충격을 준 에피소드도 있다. 나는 배낭 하나만 둘러맨 채 옷가지 하나 걸치지 않은 두 여학생이 걸어가는 뒷모습을 담은 사진을 연구실 작은 액자에 넣어두었다. 연구실에 처음 들어온 사람들은 대부분 이 사진에 호기심을 표시한다. 사진 속 학생들은 버클리 교칙에 옷을 입고 등교하라는 조문이 없다는 점을 근거로 이런 도발을 했다. 그들은 이대로 강의실에 들어가 수업도 들었다. 어떤 상황이 전개됐을지 짐작되지 않는가. 이후 대학 본부는 강의실에서는 옷을 입어야 한다는 규정을 만들었고, 그제야 이 여학생들은 옷을 입었다. 참으로 엉뚱하고 철없는 짓이라고 말할지도 모른다. 그러나 이 여학생들은 "금지되지 않는 것은 허용된다"는 법의 원칙을 실천하려 했던 것이라 평가할 수도 있다. 이렇듯 버클리는 아무리 황당한 일이라도 도전을 허용하는 분위기였다. 나는 여기에서 정신적 해방감을 느꼈다.

수업 시간의 광경도 우리나라와는 판이했다. 헌법 수업 첫 시간이었다. 반소매 티셔츠와 반바지를 입고 운동화를 신은 사람이 교단으로 올라왔다. 조교인가 했는데, 교수였다! 이 분은 이후에도 종종 이런 복장으로 강의했고, 어느 누구도 문제를 제기하지 않았다. 정장에 나비넥타이를 매고 강의하는 교수와 반소매에 반바지 차림으로 강의하는 교수가 공존하는 모습을 보는 것 자체로도 즐거웠다. 그리고 대부분의 교수들이 최고 실력자임에도 학생들에게 권위를 내세우지 않았다.

수업 분위기도 많이 달랐다. 학생들은 언제나 발표, 질문, 답변에 매우 적극적이었다. 너도나도 여기저기서 손을 들었다. 처음 이 모습을 접했을 때는 자신만만한 학생들의 모습에 주눅이 들곤 했다. 그런데 얼마나 대단한 얘기를 하는지 귀 기울여 보면, 뻔한 얘기나 황당한 주장을 당당하게 펼치는 학생들이 한둘이 아니었다. 이미 한국에서 법을 공부했고 그들에 비해 나이도 많았던 나로서도 그 정도 얘기는 쉽게 할 수 있었다. 만약 한국이었다면 면박을 받았을 것이다. 하지만 버클리 교수들은 다르게 대응했다. 분명히 답을 알고 있지만 "너 틀렸어!"라고 단정하지 않고 "아, 그래? 네가 말하는 것 중에서 이 부분은 맞다"는 코멘트로 격려를 하는 한편 생각의 줄기를 올바르게 잡을 수 있도록 도와줬다. '1 더하기 1은 2야'라고 결론을 던져주기보다는 학생들의 생각과 의견을 존중하면서 자기들이 스스로 깨닫도록 수업을 끌고 나갔던 것이다.

또 하나의 기분 좋은 충격은 주차장 문제였다. 버클리는 공립학교이기 때문에 재정 상태가 좋지 않았고 주차공간도 부족해 모두 애를 먹었다. 그런데 어느 날 주차를 하려고 이곳저곳을 기웃거리다가, 몇몇 건물 앞 제일 좋은 위치에 하늘색으로 별도 표시를 한 주차구역을 보게 됐다. 바닥에 큰 글씨로 'NL'이라 적혀 있는데, 늘 비어 있었다. 가뜩이나 모자란 주차장 때문에 모두가 고생하는 마당에 전용 주차장이라는 것 자체가 마음에 들지 않았다. 하지만 나중에 이유를 알게 되니 고개를 끄덕일 수밖에 없었다.

'NL'은 'Nobel Laureate'의 약칭으로 노벨상 수상자를 뜻한다. 그러니까 그 전용 주차장은 노벨상 수상자의 전용 주차 공간이었던 것이다. 당시 버클리 대학교 총장이 "우리는 돈이 없어 주차공간이 부족하다. 그래서 전용 주차장을 많이 갖출 수 없다. 그러나 노벨상을 탄 학자에게는 전용 주차장을 주겠다"라는 취지로 만들었다고 한다. 얼마나 창의적인 발상인가! 이 전용 주차장 때문인지 몰라도 버클리에서는 노벨상 수상자가 많이 배출됐다.

조직 서열에 따라 특권을 주는 게 아니라 노벨상을 타면 준다니 얼마나 '쿨'한가. 전용 주차장은 연구를 열심히 해서 인류에 기여한 사람에 대한 예의였던 셈이다. 해당 학과로서는 자부심의 상징이기도 했다. 학생들에게는 향학열을 불타오르게 하는 장치였다. 나도 공부가 잘되지 않을 때는 종종 전용 주차장 근처를 산책하며 마음을 다잡았다. 비록 법학에는 노벨상이 없지만 해이해진 마음을 가다듬기에는 더할 나위 없이 좋았다.

이와 같은 버클리의 자유분방한 학풍과 캠퍼스 분위기에서 학생들은 나이나 배경 따위를 내세우지 못했다. 그런 것을 말한다고 해서 먹히는 분위기가 아니었다. "진짜 너는 뭐냐? 네 머릿속의 생각이 뭐냐? 너만의 주장, 이론은 뭐냐?"로 학문의 승부를 거는 것이라 대등하게 토론하는 문화가 일상에 뿌리내리고 있었다.

그래도 유학 초기 생활은 쉽지 않았다. 영어를 웬만큼 한다고 생각하며 시작한 유학이었지만, 수업 시간이 되면 꿀 먹은 벙어리 신세였다. 읽고 듣는 것은 어느 정도 했지만, 말하는 것은 쉽지 않았다. 다른 학생들은 발표하려고 너도나도 손을 드는데, 나는 유창하게 표현이 안 되니 손도 못 들고 가만히 있어야만 했다. 갑갑하고 한심했다. 간혹 기회가 주어져 질문을 하거나 의견을 제시하더라도 중학생 수준의 표현을 사용하고 있음을 매번 깨달아야 했다. 지적 수준도 중학생 수준으로 떨어지는 것만 같았다. 고민 끝에 예습하는 것 외에 발표 준비를 따로 하기로 했다. 수업 들어가기 전, 미리 질문하고 답변하는 연습을 했다. 원어민이 아니었기에 예상 시나리오를 짜고 준비를 한 것이다. 1년 이상 그렇게 했더니 그다음부터는 훨씬 더 수월해졌다.

버클리에서 정말 열심히 공부했다. 고3 수험생처럼 공부에만 매달렸다고 해도 과언이 아니었다. 매일 도서관에 처박혀 판례와 논문을 쌓아두고 스스로 정한 공부의 할당량을 채워갔다. 고국에서 들려오는 이러저러한 소식들도 애써 외면하며 공부에만 집중했다. 하루 공부 8시간은 꼭 채우려 했다. 대학원에 들어가면서 마음먹은 게 '보통 노동자들이 하루에 적어도 8시간을 일하니, 나도 8시간 공부는 꼭 해야겠다'라는 것이었다. 이런 생활을 거듭하다 보니 자연스럽게 습관처럼 공부가 몸에 배게 되었고, 아침에 일어나면 해야 할 목표를 찾아서 공부를 시작했다.

TV 프로그램 「로 앤 오더Law & Order」1990~2010 시리즈 같은 법 관련 드라마를 보았고, 영화도 「12명의 노한 사람들12 Angry Men」시드니 루멧, 1957 같은 법 관련 명작을 섭렵했다. 휴식 중에도 법률 영어에 익숙해지기 위해서였다. 미국은 골프를 싸게 배울 수 있는 곳이기에 많은 유학생들이 골프를 배웠지만, 나는 그러지 않았다. 법학석사LL.M. 과정과 법학박사J.S.D. 과정을 합해 5년간 등록금과 생활비 일부를 보장하는 장학금을 받았기에 그 기간 내에 끝내고 싶었다. 그리하여 예상보다 빠른 시간에 두 과정을 다 마치고 학위를 취득했다. 법학석사 취득용 보고서와 법학박사 논문의 각 장은 이후 여러 미국 로스쿨 저널에 논문으로 발표했다.

지독하게 공부 '만' 했던 시절이었다. 정신없이 공부를 하며 계속 유념했던 문구가 있다. 유학 시절은 물론 지금도 공부하면서 종종 본다. "You are only as good as your last paper." 즉, "자네는 지난번 발표한 논문의 수준만큼만 좋은 사람이다"라는 뜻이다. 스스로에게 긴장하라는 뜻으로 지금도 연구실 출입문에 붙여놓고 수시로 본다. 지금까지의 연구에 만족하는 데 그치지 않고 최선을 다했는지, 부족한 것은 없는지, 새로운 주제 앞에서 주저하고 있지는 않은지 등을 돌아보기 위해서다.

Kill your father!

널따란 마당에서 아이들이 놀고 있었다. 마당 한구석에는 물이 가득 담긴 항아리가 놓여 있었는데, 항아리 크기가 마당에서 놀고 있는 아이들보다 훨씬 더 컸다. 그런데 장난기 넘치는 한 아이가 위험하게 항아리 가장자리로 올라가더니 그만 빠지고 말았다. 같이 놀던 아이들은 난리가 났다. 허우적대는 아이를 꺼내려 팔을 뻗어보지만 제대로 닿지도 않았다. 어떤 아이는 어른들을 불러야 한다고 야단법석이었다. 찰나에 벌어진 일이라 모두 허둥지둥하는 와중에 웬 아이가 커다란 돌을 들고 달려왔다. 그리고 냅다 돌을 던져 항아리를 깨버렸다. 그러자 항아리는 와장창 깨지고 물이 쏟아지면서 항아리에 빠진 아이는 살 수 있었다.

돌을 들고 항아리를 깬 비범한 아이는 매월당 김시습이다. 항아리를 깨지 말아야 한다는 고정관념에서 벗어난 사고와 판단이 아이를 살린 것이다. 천재로 평가받던 그는 수양대군이 조카 단종의 왕위를 찬탈한 것을 참지 못해 저항했고, '생육신'의 한 명으로 역사에 이름을 남겼다.

내 연구실에는 앞에서 말했던 사진과 문구 외에, 벌거벗은 남자와 정장을 입은 또 다른 남자가 엇갈려 지나가면서 서로를 이상하게 바라보는 작은 포스터도 붙어 있다. 그 포스터에는 "If everybody is thinking alike, then somebody isn't thinking"이라는 문구가 적혀 있다. "모든 사람이 똑같이 생각한다면, 어떤 이는 아예 생각을 하지 않고 있다"는 말이다. 달리 생각해보라는 뜻인데, 그러기 위해서는 새로운 도전이나 낯선 환경을 꺼리지 말아야 한다. 그래야 창의성을 발휘하고 역발상을 해볼 수 있다.

세상에 대해 나름 비판적·도전적인 태도를 갖고 있다고 생각했던 나도 버클리의 강의와 세미나에서 충격을 받은 적이 있다. 한국의 수업과 논문 작성은 방향이 정해져 있다. 특히 논문을 쓸 때는 그 주제에 대해 다양한 주장과 사례를 다 모은다. 그리고 각 주장과 사례에 대해 일목요연하게 정리하고 비판적 코멘트를 날린 무난한 논문으로 인정받는다. 나 역시 이러한 논문 작성법에 길들여져 있었다. 그래서 미국에서 공부할 때도 언어가 영어라는 것만 다를 뿐, 논문 쓰는 것은 내심 어렵지 않을 거라 생각했다. 그런데 이게 웬일인가? 공들여 쓴 리포트가 좋은 평가를 받지 못했다. 의아해하는 내게 담당교수님은 정곡을 찔렀다.

"다른 사람의 것을 잘 요약하는 게 무슨 의미가 있는가? 그런 데다 힘쓰지 말게. 자네 보고서에는 자신의 주장이나 의견이 분명하게 드러나지 않았어. 타인과 구별되는 자신의 주장이나 의견을 더 고민하고 그것을 다듬는 데 더 힘을 써야 하네."

인정할 수밖에 없었다. 치부를 들킨 것같이 부끄러웠지만, 그것은 잠시였고 곧 기분이 좋아졌다. 알을 깰 수 있는 자극을 받았기 때문이었다.

이런 자극은 박사논문 지도과정에서도 있었다. 논문 지도 교수님은 두 분이었는데, 한 분은 필립 존슨Phillip Johnson 교수였고 다른 한 분은 말콤 필리Malcolm Feeley 교수였다. 존슨 교수는 박사과정 입학 시 지도교수로, 그 유명한 워런 대법원장의 재판연구원Law Clerk 출신이었다. 당시에 이미 연로하셔서 형사법 연구에서 물러나 계셨다. 필리 교수는 내 논문을 실질적으로 지도해주신 분이다. 형사사법에 대한 법사회학적 분석의 대가로, 형사법과 형사절차를 분석하는 데 많은 조언을 해주셨다. 정치적 입장에서 존슨 교수는 보수, 필리 교수는 진보였던지라 두 분을 번갈아 뵈면 양측 입장이 어떻게 다른지 자연스럽게 알 수 있어 이 역시 좋았다.

어느 날 필리 교수에게 논문 진척 상황을 보고하다가 좀 머뭇거리게 되었다. 그러자 교수님이 단호한 한마디를 던지셨다.

"Kill your father!"

내 귀를 의심했다. 아버지를 죽이라니? 존속살해? 그러나 곧 문장 뒤에 숨은 의미를 알게 됐다. 즉, 내가 연구하는 분야의 대가들 앞에서 겁을 먹지 말라는 독려였다. 대가의 업적을 검토하다 보면 조심스러워진다. 대가 앞에서는 비판적 분석보다 그 이론을 수용하는 데 급급해진다. 다른 생각이 떠올라도 '내가 맞을까? 아니, 이 사람이 맞고 내가 틀렸겠지?' 하면서 주저앉는다. 지도교수는 그러지 말라는 뜻으로 'Kill your father'라는 은유를 들면서 스스로 생각을 끝까지 밀고 가보라며 격려했던 것이다. 필리 교수는 이어 말했다. "너도 공부하는 사람이고, 나도 공부하는 사람이다. 내가 더 오래 공부를 했지만 네 입장이 맞을 수도 있다. 'Kill your father'에서 '아버지'는 나까지 포함된다."

교수님은 만남이 계속되자 '필리 교수님'이 아니라 '말콤'이라고 부르라 했다. 내가 계속 '교수님'이라고 부르면, 나 스스로 당신 앞에서 위축될 수 있으니 말을 트고 지내자는 것이었다. 친근감의 표시였기에 매우 감사했지만 정중히 사양했다. 연구에 임하는 자세와 마음가짐은 그리할 수 있겠지만, 호칭만큼은 그리할 수 없었다. 이 점에서 나는 한국 문화를 벗어날 수 없었다.

'Kill your father!'의 '반反권위 정신'이야말로 우리 사회에 필요하지 않을까. 유학 생활을 마친 후 지금까지 학문활동과 사회참여를 하면서 머뭇거리게 될 때 'Kill your father!'를 생각한다. 그리고 스스로에게 묻는다. "두려워하고 있니? 그럼 안 되지. 내가 할 얘기는 해야지. 욕을 먹더라도!" 권력, 권위, 통념, 관습 앞에서 겁먹지 말자고 마음속에서 외쳐보는 것이다.

"새는 알 속에서 빠져 나오려고 싸운다. 알은 세계이다. 태어나기를 원하는 자는 하나의 세계를 파괴하지 않으면 안 된다."

헤르만 헤세Hermann Hesse가 『데미안』에서 얘기한 이 구절은 비장하기까지 하다. 알을 깨고 나와야 새는 진정 새가 되어 날 수 있다. 알을 깨지 않고서 새는 새가 될 수 없을뿐더러 생명마저 온전히 지킬 수 없다. 살기 위해서, 날기 위해서 새는 알을 깨야 한다. 마찬가지로 사람도 새로운 변화를 맞이하려면 그동안 자신이 안주했던 세계를 파괴해야만 한다. 철학자 이진경은 "법이나 도덕, 통념 같은 사회적인 '공통의 가정', 내가 당연하다고 믿는 암묵적 가정을 의심하고 넘어서는" 지성의 "모험적 사용" 또는 "탐험적 사용"을 강조한다. 이러한 지성의 사용이 있어야 지성의 자유가 가능하다.[38]

학문을 탐구하고 진리를 추구하는 공부에서 이른바 '위아래'는 없다. 나이가 어리더라도 진리를 발견할 수 있고, 권위 있는 대가가 틀릴 수도 있다. 그런데 우리 사회는 어떤 사안에 대해 옳고 그른 것을 가릴 때조차도 나이나 서열을 따지는 경우가 많다. 사람들을 만나면 제일 먼저 하는 게 시쳇말로 '족보 따지기'와 '민증 까기'다. 나이가 몇 살인지, 고향이 어딘지, 어느 학교를 나왔으며 몇 학번인지, 심지어 내 친구 누구를 아는지를 따지며 줄을 맞춰보고 적절한 거리를 계산한다. 서열이 정해지고 자리를 앉더라도 자신의 위치가 어디쯤인지 미리 알고 있어야 마음이 편해진다. 이런 행태를 '예의'라는 포장으로 덧씌울 수도 있다. 그러나 이러한 문화는 도전과 창조를 죽인다. 예의를 지켜야 하는데, "이건 아닙니다!"라고 말하면 순식간에 패륜에 가까운 사회 부적응자로 낙인이 찍힌다. 자신의 이론이나 학설을 너무 세게 주장하면 튀는 사람, 무례한 사람 등으로 취급받는 일이 학계에서도 종종 발생한다. 기존의 권위에 도전하는 일은 삼가야 하는 일로 여겨진다. 심지어 학문의 전당이라는 대학원에서도 공부하는 학생이 지도교수의 학문적 입장을 비판하는 일은 당연스레 금기에 속한다.

하지만 버클리에서는 대가건 지도교수건 개의치 않고 자유롭게 비판할 수 있었다. 자유롭게 학문을 하는 자세를 여기에서 배웠다. 교수들 또한 학생들에게 "내가 너를 이렇게 가르쳤지만 네가 나를 비판하는 것은 전혀 문제가 될 게 없다"라고 공공연하게 말했다. 이런 환경이 매우 신선하면서도 반가웠다.

공부를 마치고 귀국한 후 논문을 발표하면서 이수성 교수님을 포함해 스승급 교수님들의 이론도 자유롭게 비판하게 됐다. 예컨대, 이 교수님은 법의 도덕고양 역할을 강조하는 간통죄와 존속살해죄의 존치를 옹호하셨지만, 나는 정반대로 법의 탈도덕화 입장에 서서 간통은 민사제재 대상이지 형사제재 대상이 아니며 패륜적 존속살해는 보통살인죄만으로도 엄하게 처벌할 수 있다고 주장했다. 또한 이 교수님은 국가보안법 존치론자이지만, 나는 전면폐지론의 주장을 펼쳤다. 물론 스승님은 이에 대해 어떤 말씀도 하지 않으셨다. 공부에 이와 같은 태도는 당연한 것임을 알고 계셨기 때문이리라.

법 공부를 잘하려면

 나의 전공은 법학이다. 그래서 공부를 이야기할 때 법에 관한 것이 빠질 수 없다. 그렇다면 '법 공부'란 무엇일까?

 법학은 국가에 의해 제정된 실정 법률과 이에 관련된 제도를 연구대상으로 하는 학문이다. 법률이 어떤 이유로, 어떤 절차를 통해 만들어지며, 만들어진 법률은 어떻게 해석되고 집행되어야 하며, 문제가 있는 법률은 어떻게 고치거나 없애야 하는가 등을 탐구한다. 어떻게 해야 법 공부를 잘할 수 있을까?

 법률은 하늘에서 떨어진 것이 아니다. 사람이 만드는 것이다. 역사를 돌아보면 법은 대개 특정 사회의 계급·계층·집단의 이익과 욕망, 그리고 꿈이 충돌하고 절충되어 만들어진다. 여기서 '강자' 또는 '가진 자'가 유리한 조건에 서게 됨은 분명하다. 그래서 법학을 제대로 하려면 바로 이러한 현실을 직시하는 눈이 필요하다. 각 계급·계층·집단의 요구와 주장과 논변이 무엇인지 꿰뚫어야 한다. 법전을 넘어 현실 세상이 돌아가는 이치를 알아야 한다. 특히 '약자'나 '갖지 못한 자'가 부당하게 대우받는 일을 막아야 한다.

법률이 만들어지고 바뀌고 없어지는 곳은 국회다. 국회는 국회의원, 즉 직업적 정치인들이 활동하는 곳이다. 대부분의 국회의원은 정당에 소속을 두고 활동한다. 따라서 국회의원들의 선택을 알려면 정치인 개인의 성향을 파악하기 전에 그가 소속된 정당이 추구하는 큰 줄기를 알아야 한다. 법률은 어쩔 수 없이 소수파 정당보다 다수파 정당의 목소리를 많이 반영하기 마련이다. 대통령은 법률을 제정할 권한은 없지만, 자신이 속한 정당을 통해 실질적으로 법률 제정은 물론 법을 고치거나 없애는 일에 깊숙이 관여한다. 그래서 법률은 정치의 자식이다. 정치를 모르고는 법률을 알 수 없다. 정치의 논리와 동학動學에 무관심하고는 법률의 핵심을 놓치게 된다.

정치는 투쟁의 영역인 동시에 타협의 영역이다. 각 정당은 자신들의 방향성을 담은 정강정책이나 소속된 정치인의 활동을 통하여 그들의 비전과 가치를 확산시키고 이에 따라 사회를 바꾸고자 한다. 이때 치열한 논쟁과 논박論駁은 필연적이며 필수적이다. 이러한 투쟁은 종종 '선 대 악'의 방식으로 전개되지만, 궁극적으로 중간 중간 타협이 이루어질 수밖에 없다. '당동벌이黨同伐異, 옳고 그름은 따지지 않고 뜻이 같은 무리끼리 돕고 다른 무리는 배척한다'가 아니라 '구동존이求同存異, 같은 것을 추구하되 다른 것은 남겨둔다'로 가야 한다. 효율적인 정치는 이러한 타협의 영역을 많이 확보하고 이를 법률에 적극적으로 반영하는 정치다. 정당 사이에 공유하는 영역이 많아지고 이것이 신속히 법률로 마무리된다면 소모적인 정쟁은 줄어든다. '적'의 입장을 이해하고 이견이 있는 부분까지 공감대를 형성한다면 더할 나위없을 것이다. '구동존이'를 넘어 '구동화이求同化異, 같은 것을 추구하고 이견이 있는 부분까지 공감대를 확대한다'로!

국회의원은 선거로 선출되므로, '사회평균인' 다수의 마음을 얻으려고 노력한다. 우리는 국회의원 선거나 대통령 선거나 유권자의 51%만 얻으면 권력의 100%를 얻는 선거제도를 가지고 있다. 따라서 다수의 정치인은 필연적으로 사회구성원의 '소수'보다는 '다수'에게 더 많은 신경을 쓰게 된다. '소수파' 시민의 목소리는 무시·외면되기 십상이다. 예컨대, 비정규직 노동자, 성적 소수자, 아동, 청소년, 소수파 종교인, 혼혈인, 외국인 노동자, 범죄피의자, 수형자 등이 그 예다. 이들은 정치적 보수정당은 물론, 진보정당에게도 보호받지 못하는 경우가 많다. 이 점에서 법학은 정치가 다 반영해내지 못한 사회적 소수자들의 목소리도 법률에 온전히 반영되도록 노력해야 한다. 이러한 노력이 없다면, 법률은 '다수파의 전제tyranny of the majority'를 위한 도구로 전락하고, '소수파'는 직간접적인 억압과 차별에 따라 정치·사회적 게토ghetto, 격리 지역 안에 갇히고 만다.

투쟁과 타협을 통해 만들어진 법률은 행정부에 소속된 기관에서 집행된다. 예컨대, 경찰과 검찰은 시민을 체포·구속하고, 시민의 신체와 가옥을 압수·수색·검증하며, 시민의 대화를 감청한다. 허가나 인가를 내주고 취소하는 곳도 행정기관이다. 행정부 안에는 '국민의 심부름꾼'과 '영혼 없는 공무원'이 뒤섞여 있다. 행정기관은 우호적인 정치인을 통하여 자신들에게 유리한 법안을 제출하기도 하며, 규칙 제정을 통하여 '사실상의 법'을 운용하기도 한다. 따라서 법학은 행정기관이 어떻게 움직이는지도 알아야 함은 물론, 이들의 권한이 오남용되지는 않는지 감시·통제하는 역할을 해야 한다.

행정기관이 가장 신경 쓰는 곳은 대통령이 있는 청와대다. 인사권의 시작과 끝이 바로 여기이기 때문이다. 다음으로는 관료조직 그 자체의 이익을 신경 쓴다. 예컨대, '모피아과거 재정경제부 출신 관료를 지칭하는 말로, 재정경제부(M.O.F.)와 마피아(Mafia)의 합성어'는 그들의 권한 보존 및 확대, 구성원의 퇴임 후 자리 확보 등을 절대 양보하지 않는다. 행정기관은 청와대의 눈치를 보지만, 반대로 조직 보호를 위해 청와대를 '포위'하기도 한다. 행정기관에 대한 통제는 청와대를 통해서도 이루어지지만, 의미 있는 통제는 국회를 통해서 이루어진다. 선출되지 않은 권력은 언제나 선출된 권력의 통제 아래 놓여야 한다.

　법률에 대한 최종해석권은 사법부와 헌법재판소에 있다. 개인과 개인의 분쟁, 개인과 국가 사이의 분쟁은 최종 단계에서는 법원으로 가기 마련이다. 사건의 당사자들은 같은 사건에 대한 사실관계를 정반대로 재구성하여 주장한다. 영화 「라쇼몽羅生門」구로사와 아키라, 1950을 생각해보라. 같은 사건을 두고 등장인물 모두가 다 다른 진술을 하지 않는가. 이와 같이 당사자들은 같은 법 조문을 놓고 어떻게 해석할 것인지 정반대의 주장을 펼친다. 대법관이나 판사들도 의견이 갈릴 수 있다. 이 경우 법률의 목적, 취지, 문언을 정확히 파악하고, 동시에 상위법인 헌법의 정신을 충실히 따르면서 해석을 해야 한다.

　남편에 의한 아내강간이 성립하는지가 논쟁이 된 적이 있다. 당시에는 대부분 부부 사이에는 동침의 의무가 있기 때문에 부부강간은 법률적으로 불성립한다고 해석했다. 그러나 2001년, 나는 부부 간에 벌어지는 폭력도 처벌이 되는데 그보다 훨씬 불법성이 높은 강간이 처벌되지 않는다는 것은 모순이고, 부부 사이의 동침 의무는 합의에 의한 동침만을 의미하는 것이지 폭력을 사용한 동침을 포함하지 않는다고 주장했다.[39] 나의 이런 주장은 법조계와 법학계에서 소수의견으로 취급됐다. 그런데 2013년에 이르러 내법원은 이 입장을 수용했다.[40] 이렇듯 법률을 해석하는 입장도 시대적 흐름에 따라 달라진다.

소수의견이 다수의견이 되고 그 반대가 이루어지기도 한다. 시대정신과 헌법정신에 충실한 법 해석은 초기에는 소수의견에 머물지라도 궁극적으로는 다수의견의 지위를 획득한다. 이 점에서, 존재하는 판례를 그저 암기만 하는 것은 법을 제대로 공부하는 것이 아니다. 이와 별도로 잊지 말아야 할 점은 대법원장은 대통령이 임명하며, 대법관은 대법원장 제청으로 국회의 동의를 얻어 대통령이 임명하고, 헌법재판관은 대통령, 국회, 대법원장이 각 3인씩 지명한다는 것이다. 이들은 최고의 법률가이지만, 임명에 있어서 그들의 정치적 성향이 고려된다는 점을 짐작할 수 있다.

이러한 내용들에서 확인되듯이 법 공부를 잘하려면, 제일 먼저 사람과 세상을 보는 눈을 정립해야 한다. 법학은 '가치지향적 학문'이지 '가치중립적 학문'이 아니다. 어떠한 가치를 중심에 놓을 것인가를 스스로 분명히 하고, 다른 가치와의 소통과 타협을 추구해야 한다. 그리고 법학을 제대로 공부하려면 철학, 정치학, 사회학 등 다른 학문을 알아야 한다. 법학은 독자적인 학문체계와 논리를 갖고 있고 또 그래야 하지만, 다른 학문의 시각과 성과를 흡수해야 한다. 그렇지 못하면 법학은 편벽하고 건조한 개념과 논리의 묶음에 머물고 말 것이다.

차가운 머리와
따뜻한 가슴

"자유는 법률의 보호를 받아 최초로 성립한다. 이 세상에 법 말고는 자유가 있을 수 없다."

아우렐리우스 아우구스티누스Aurelius Augustinus는 법이야말로 자유를 지켜줄 수 있는 최후의 보루라 했다. 억압과 폭력으로부터 시민의 자유를 지키는 역할을 하는 것이 법이라는 당연한 말에 쉽게 수긍이 가야 하는데, 그렇지 못한 것이 현실이다. 오히려 법이 자유를 옥죄는 수단이 아닌가 하는 의문이 들기도 하고, 법은 '지배계급의 도구'라는 마르크스주의 명제에 고개를 끄덕이게 되기도 한다. 법학자로서 마음이 무거워진다.

법은 사회구성원이 지키기로 약속한 규칙이다. 그런데 이를 집행하는 국가권력이 법을 어기는 일이 자주 일어난다. 단적인 예로는 국정원을 포함한 여러 국가기관의 대통령 선거개입범죄가 있다. '좌익효수'라는 살벌한 ID로 온라인에서 맹활약한 국정원 요원의 글을 보라. 5.18 민주화운동을 '폭동'으로 왜곡하고 호남인을 '홍어종자'라고 비하했으며, 김대중 대통령을 'X대중', 문재인 후보를 '문죄인', 박원순 시장을 'X숭이'라고 조롱하며 비난했다. 국정원은 처음에는 '좌익효수'가 국정원 직원이 아니라고 전면 부인했다가, 사실임이 밝혀지자 몰랐다고 발뺌했다. 그런데 '좌익효수'는 지금까지도 국정원 내부징계를 받지 않고 있다.

모두를 경악시킨 사건이 또 벌어졌다. 사건 조작은 권위주의 정권에서나 일어나는 일인 줄 알았으나, 개명천지에 '탈북 화교 출신 서울시 공무원 간첩사건'에서 국정원의 중국 공문서 조작을 접하게 되니 기가 막힌다. 외국 공문서까지 위조하면서 시민을 간첩으로 만드는 국가권력은 도대체 어디에서 그 정당성을 찾을 수 있는가. 연이은 사건들을 보면 민주공화국의 적, 법치의 적이 정말 누구인가 묻게 된다.

많은 시민들은 상식에 반하는 판결에 고개를 갸웃거린다. 대기업의 횡포에 휘둘린 중소기업이나 노동자가 소송을 걸어도 패소하는 현실 앞에서 법이 시민의 삶을 지켜준다는 생각을 갖기는 어렵다. 공장에서 땀 흘리며 살아가는 노동자, 시장

통에서 좌판 깔고 장사하거나 날품팔이하면서 생계를 이어가는 사람, 쪽방에서 살아야 하는 빈민들은 법이 자신에게 무엇이라고 생각할까?

법 집행의 공정성도 의문스럽다. 어마어마한 비자금을 숨겨두고 탈세까지 한 재벌 회장은 구속을 면하는 반면, 생계 때문에 좀도둑질을 한 서민은 징역형을 받는다. 재벌 회장의 범죄에 대해서는 관대하면서, 주거권을 침탈당한 용산 철거민이나 불법적 정리해고를 당한 쌍용자동차 노동자의 저항은 엄혹하게 진압한다. 이 진압은 왕조 시대 무자비한 '민란' 진압을 연상케 한다. 순종하지 않는 '상것'들에게 본때를 보여주려는 듯하다. 이는 맹자가 양혜왕에게 물었던 "정치로 사람 죽이기"의 현대판이다. OECD 소속 나라 중 최저수준인 최저임금을 올리거나 영세상인의 상가 임차권을 보호하기 위한 법 개정, 골목 구멍가게의 상권을 보호하기 위한 조례 제정 등은 '시장강자'들의 강력한 반대에 부딪치고, 핵심적 조항이 빠지거나 약화된 채 마무리된다. '시장약자'들은 힘도 돈도 연줄도 없다. 이들이 기댈 수 있는 것은 법뿐인데, 그 법이 한쪽으로 기울어져 있는 것이다.

상황이 이러하니 "소수의 사람들이 '법의 지배'라는 외피 속에서 '반칙' 또는 '꼼수'라 불리는 온갖 수단을 동원해서 기득권을 얻고 유지하는 체제"가 유지되고, 이러한 "도적盜賊 지

배체제"가 "정의의 레짐"으로 포장되고 있다는 법철학자 장은주의 비판에 고개가 끄덕여진다.[41]

그러나 법의 정신은 힘이 강하고 약하든, 돈이 많고 적든 간에 법 앞에서는 모두가 평등해야 한다는 것이다. 금金과 권權의 우위와 횡포를 막겠다는 것, 여기에 법의 요체가 있다. 그렇지 않고 힘이 센 자나 돈이 많은 자가 법 위에 군림하거나 법 앞에서 유리한 입지를 차지한다면, 그것은 곧 법의 사망이다. 우리는 언론을 통해 대통령이나 법무부장관이 심각한 표정으로 법치를 강조하고 법을 어기면 엄벌하겠다며 경고하는 장면을 종종 접한다. 그런데 이 발언의 대상자는 대부분 정치적 비판자이거나 사회적 약자다.

이러한 이유로 법은 존경이 아니라 조롱의 대상이 되고 있다. 법이 권력의 남용과 재벌의 탐욕을 규제하고 사회적 약자를 보호하지 못하기 때문이다. 그러면 사람들은 "법이란 원래 그런 거야"라며 법을 무시하거나 경멸하기 마련이다. 이러한 상태가 계속되면 법은 타도의 대상이 되고 말 것이다. 이제라도 법은 정의의 여신 디케Dike의 모습을 되찾아야 한다. 힘, 이익, 편견에는 눈을 감고, 공정하고 공평한 저울질을 한 후 정의의 칼을 휘두르는 여신이 필요하다. 이렇게 법이 만들어지고 집행되고 해석될 때 비로소 법은 자유를 위한 방패가 된다. 이럴 때 비로소 국가는 시민에게 "법을 지켜라"라고 요구할 수 있다. 그렇지 않고서 법을 지키라고 요구할 때 법은 새로운 억압과 차별의 도구로 작용할 것이다.

법이 강자와 부자의 무기가 아니라 약자와 빈자의 방패가 되게 하기 위해 지금까지 많은 사람들이 노력해왔다. 유신과 군부독재에 맞서 싸운 민주화운동은 시민들의 인권의식을 높이고 악법을 철폐했으며 인권과 자유를 보장하는 법 제정을 이루었다. 예컨대, 권위주의 체제하에서는 형사절차상의 인권은 유명무실했다. 영화 「남영동」정지영, 2012과 「변호인」에서 묘사했던 것과 같은 고문과 가혹행위가 만연했다. 그러나 이제는 개정된 형사소송법과 변경된 판례에 따라, 불리한 진술을 거부할 수 있는 묵비권, 변호인의 조력을 받을 권리 등이 강력하게 보장된다. 미국 수사기관의 위법행위를 억지하기 위해 미국 연방대법원이 확립했고 미국 영화에서도 종종 등장하던 '미란다 경고Miranda Warnings'가 한국 사회에 뿌리내린 것이다. 2005년 내가 발간한 책의 제목인 『위법수집증거 배제법칙』처럼, 이제 위법하게 수집한 증거는 증거 능력이 없다. 즉, 위법한 신문, 압수, 수색, 검증, 도청 등으로 확보한 증거는 법정에서 힘을 잃는다. 이러한 변화는 놀라운 성취였다.

경제민주화가 시대정신으로 자리 잡은 이후 새정치민주연합과 정의당 등 정당과 시민사회 단체는 경제민주화를 위한 법률을 제정하기 위해 노력하고 있다. 일명 '남양유업방지법'

이나 '골목상권지킴이법' 등이 헌법 제119조 제2항의 경제민주화의 요구를 법률로 만들려는 의미 있는 노력이다.

또한 약자의 눈물을 닦아주고 그 손을 잡아주는 명판결도 나오고 있다. 막노동으로 생계를 꾸리던 70대 노인이 뇌경색으로 쓰러진 처의 병수발 때문에 대한주택공사를 찾아갈 수 없어서 결혼 후 분가한 딸 명의로 임대차계약을 체결하고 공공임대주택에 입주했다. 처가 사망한 후 노인은 홀로 임대주택에서 살았는데 대한주택공사가 집을 비워달라는 소송을 제기했다. 딸 이름으로 계약이 되어 있었기에 법대로라면 노인은 집을 나가야 했다. 그래서 제1심 판결에서는 주택공사가 이겼다. 그런데 제2심 판결은 노인의 손을 들어주었다. 이 사건은 이후 대법원을 거쳐 조정으로 종결됐는데, 제2심 판결문 일부를 소개한다. 법철학자 마사 누스바움Martha Nussbaum이 말한 "시적 정의Poetic Jusitce"를 느낄 수 있을 것이다.[42]

"가을 들녘에는 황금물결이 일고, 집집마다 감나무엔 빨간 감이 익어간다. 가을걷이에 나선 농부의 입가에선 노랫가락이 흘러나오고, 바라보는 아낙의 얼굴엔 웃음꽃이 폈다. 홀로 사는 칠십 노인을 집에서 쫓아내달라고 요구하는 원고(대한주택공사)의 소장에서는 찬바람이 일고, 엄동설한에 길가에 나앉을 노인을 상상하는 이들의 눈가엔 물기가 맺힌다. 우리 모두는 차가운 머리만을 가진 사회보다 차가운 머리와 따뜻한 가슴을 함께 가진 사회에서 살기 원하기 때문에 법의 해석과 집행도 차가운 머리만이 아니라 따뜻한 가슴도 함께 갖고 해야 한다고 믿는다. 이 사건에서 따뜻한 가슴만이 피고들의 편에 서 있는 것이 아니라 차가운 머리도 그들의 편에 함께 서 있다는 것이 우리의 견해이다."[43]

이러한 긍정적 변화가 있기에 "법의 가식에 대해서는 항상 회의적인 태도를 취해야 한다. 그러나 법의 가능성에 대해서는 결코 냉소적인 태도를 취해서는 안 된다"[44]라는 남아공 헌법재판관 알비 삭스Albie Sachs의 말을 가슴에 담고 있다. 물론 이런 법과 판결의 변화가 있기는 하지만, 전체적으로 보면 여전히 그리고 많이 부족하다. 그러나 변화는 이미 시작됐다. 방향은 올바르게 잡혀 있다. 다만 아직 힘이 모자랄 뿐이다. 개인은 잘못된 법 앞에서 속수무책으로 당할 수밖에 없지만, 여럿이 힘을 모으면 다르다. 아무리 거대한 힘을 가지고 있는 독재자라 해도 자유와 인권의 목소리를 완벽히 봉쇄할 수는 없다. 우리는 이미 최악의 독재 속에서도 변화를 일구어냈다. 지금까지 해온 것처럼 다수의 시민들 목소리가 담긴 법을 만들고 또 제대로 그것이 집행되는지 감시하는 것을 포기해서는 안 된다. 세상을 바꾸는 일이 그리 쉬울 리 없지 않은가.

'중용'의 '중'은 '가운데'가 아니라 '정확함'

나는 법과 법학이 우리 현실의 많은 문제를 해결할 수 있는 무기가 될 수 있다고 생각한다. 그래서 법학자로서 나 자신의 역할이 무엇일지 고민하는 일을 그치지 않는다. 법학을 공부한 이래로 1849년에 소로가 한 다음과 같은 말을 마음속에 깊이 간직하고 있다.

"우리는 먼저 인간men이어야 하고, 그다음에 신민臣民, subject이어야 한다고 나는 생각한다. 법the law에 대한 존경보다는 먼저 정의the right에 대한 존경을 기르는 것이 바람직하다."[45]

우리는 특정 국가와 특정 체제하에서 살며 그 국가와 체제의 요구에서 자유롭지 못하다. 그러나 잊어선 안 될 것은 우리 개개인이 국가나 체제보다 소중하다는 것이다. 인간의 존엄함이 먼저지, 국가나 체제의 요구가 먼저여서는 안 된다. 만약 반대가 된다면 우리는 국가나 체제의 부속품으로 전락하고 말 것이다. 우리는 어느 누구의, 어떤 체제나 국가의 '신민'이어선 안 된다.

물론 민주공화국하에서 이제 '신민'이라는 용어는 사용되지 않는다. 대신 '국민'이란 용어가 광범하게 쓰이고 있다. 언론에서도 일상에서도 '국민'이란 단어가 자주 사용된다. 일제가 사용한 '국민학교'가 '초등학교'로 변경되고, 1968년 박정희 정권이 국가주의를 시민에게 주입하기 위해 선포한 '국민교육헌장'이 없어진 뒤에도 말이다. '국민학교' 시절 무조건 외워야 했던 '국민교육헌장' 구절을 다시 보니 숨이 턱턱 막힌다.

"우리의 창의와 협력을 바탕으로 나라가 발전하며, 나라의 융성이 나의 발전의 근본임을 깨달아, 자유와 권리에 따르는 책임과 의무를 다하며, 스스로 국가 건설에 참여하고 봉사하는 국민 정신을 드높인다. 반공 민주 정신에 투철한 애국 애족이 우리의 삶의 길이며, 자유세계의 이상을 실현하는 기반이다."

'국민'은 '국가'를 전제로 하는 개념이다. 그러나 우리는 '국민' 이전에 '인간'이다. 인간을 국가의 틀과 규범 안으로 구겨 넣어서는 안 된다. 인간은 자신의 꿈을 실현하고 고통을 줄이기 위해 국가의 틀과 규범을 넘어설 '자연권'이 있으며, 이를 억압하는 국가에 맞서고 그 국가를 개조하고 나아가 전복할 '자연권'이 있다.

이상과 같은 법 사상이 없었다면, 종교개혁도 반봉건시민혁명도 반제민족해방도 반독재민주화도 여성해방운동도 없었을 것이다. "법에 대한 존경"보다 "정의에 대한 존경"이 먼저라는 것도 같은 맥락이다. 소로처럼 나 역시 무정부주의자가 아니다. 그러나 우리 사회에서 "법에 대한 존경"은 과잉강조되고, "정의에 대한 존경"은 과소강조되고 있다.

공소시효의 예를 들어보자. 먼저 '삼성 X파일 사건'이 있다. 2005년 보도된 '삼성 X파일'은 1997년 대선을 앞두고 삼성그룹 회장 비서실장, 중앙일보 회장이 특정 후보에게 불법적으로 자금을 지원하고 검찰 고위간부에게 '떡값'을 제공하자고 공모하는 대화를 당시 국가안전기획부의 비밀조직이 불법적으로 도청한 파일이다. 그러나 공소시효가 지났다는 이유로 불법 선거를 도모한 삼성 측 인사, 불법 도청을 행한 안기부 직원, '떡값'을 받은 검찰 간부들은 형사처벌에서 자유로워졌다. 반면 '삼성 X파일'을 입수해 보도한 문화방송 이상호 기자와

이 내용 중 '떡값 검사' 부분을 국회에서 보도자료로 배포하고 이를 인터넷 홈페이지에 게재한 당시 민주노동당 소속 노회찬 의원에게는 유죄판결이 내려졌다. 세세한 법리를 떠나 이러한 대조적 현실 앞에서 시민은 법 허무주의를 느낄 수밖에 없다.

민주화 이후 국가기관이 직무를 행하며 정당한 사유 없이 시민을 살해 또는 고문하는 등 헌법과 법률을 위반해 시민의 인권을 중대하고 명백하게 침해하거나 이를 조직적으로 은폐·조작한 범죄가 속속 드러났다. 수십 년이 지난 후 속속 재심판결에서 무죄가 내려지고 있다. 그런데 이렇게 '반反인권적 국가범죄'의 실상이 밝혀졌음에도 공소시효가 만료되어 범죄인들은 처벌되지 못했다. 공소시효에 대한 존중도 중요하지만, 이 제도가 '반인권적 국가범죄'를 범한 자들을 보호하는 기능을 하고 있는 현실은 정당한가? 형법상 소급효금지의 원칙은 국가의 부당한 형벌권 행사로부터 시민을 보호하기 위한 근대 민주주의 형법의 대원칙이지만, 헌법의 기본이념과 시민의 기본권이 국가권력에 의해 침해되고 조직적으로 은폐·조작되는 특단의 사정이 있는 경우는 이 원칙의 예외를 승인하는 게 옳지 않을까?

법은 사회적 균형추다. 네오 마르크스주의적 표현을 쓰자면, 계급투쟁의 공간이자 설충물이다. 지배계급의 의사와 이익만이 일방적으로 법에 관철되는 시대나 체제와 달리, 시민민주주의가 자리 잡은 현대 국가에서는 각 계급, 계층, 집단의 의사와 이익이 법에 반영된다. 이때 권력, 재력, 지식, 인맥 등에서 강자 또는 가진 자의 입장이 약자 또는 가지지 못한 자의 입장보다 더 많이 관철될 것임은 물론이다. 지난 겨울 생활고에 시달리던 60대 어머니와 30대 두 딸이 반지하 방에서 동반자살했다는 소식을 듣고 가슴이 먹먹했다. '자살'이 아니라 '사회적·경제적 타살'이라고 느껴졌기 때문이다. 세상을 떠나면서도 집세와 공과금을 남기고 간 도덕적이고 준법적 인간이었던 이들의 소망과 바람은 우리의 법에 얼마나 반영되어 있을까.

   법학과 법률가는 이런 점을 직시해야 한다. 마사 누스바움은 강조했다. "분별 있는 관찰자"는 "역사의 수많은 부분을 차지해온 고통과 불평등에 대해 무지하거나 이에 대한 인정을 거부"해서는 안 된다고.[46] 존 롤즈도 이렇게 말했다('차등의 원칙').

"모든 사회적 가치들—자유, 기회, 소득, 재산 및 자존감의 기반—은 이들 가치의 전부 또는 일부분의 불평등한 분배가 모든 사람들에게 이익이 되지 않는 한 평등하게 분배되어야 한다. 그래서 모든 사람에게 이익을 주지 않는 단순한 불평등은 부정의가 된다."[47]

전통적 정의론에서 강조하는 재화의 공정한 배분―"각자에게 각자의 것을"이라고 요약되는 '배분적 정의'―과 동시에 "지배와 억압"을 문제 삼아야 한다.[48] "공정으로서의 정의"[49]를 막는 것이 바로 지배와 억압이기 때문이다. 토머스 모어 Thomas More는 『유토피아』에서 일반 서민들에게만 적용되는 정의인 "쇠사슬에 묶인 채 바닥을 기는 정의"와 군주들의 정의인 "원하는 것은 다 하고, 원하지 않는 것은 하지 않아도 되는 정의"를 대비시켰다.[50] 후자에 의한 전자의 지배와 억압을 해결하지 않으면, 사회적 재화의 공정한 배분은 불가능하다.

정의를 실현하기 위해서 법학과 법률가는 '중용 golden mean'을 취해야 한다는 주장이 있다. 틀린 말은 아니다. 유의할 점은 중용이란 가치판단을 배제한 채 대립하는 측으로부터 기계적·산술적 중간을 선택하는 것이 아니라는 점이다. 예컨대, 독재와 민주 사이, 제국주의와 식민지, 억압과 자유 사이 중간에 서서 '양비론' 또는 '양시론'을 펴고 타협을 말하는 것이 중용은 아니다. 그러한 태도는 '황금'처럼 보이지만 실상은 도금칠한 '중간 치기'일 뿐이다. '중용'의 '중'은 '가운데'가 아니라 '정확함'을 뜻한다. 아리스토텔레스 Aristoteles가 말한 것처럼, '비겁'도 '만용'도 아닌 '용기'가 '중용'이다. 요컨대 중용은 현실의 부정의와 부당함을 직시하고 그것을 고쳐서 최상·최적의 현실을 만들기 위해 부단히 고민하고 행동하는 심성과 자세를 뜻한다. 신영복 선생이 말한, "방향을 잡기 위해 끊임없이 흔들리는 지남철의 모습"이야말로 진정한 중용의 모습이라 하겠다.[51]

순자는 중용의 핵심을 저울에 비유해 "겸진만물이중현형兼陳萬物而重縣衡"이라고 했다. 즉, "만물들을 다 같이 늘어놓고 곧고 바름을 재고 헤아리는 것"[52]이다. 최상용 교수의 해석을 빌리자면, "겸진만물은 저울에 달려는 물건을 저울판에 옮겨놓는 것을 말하며, 사물의 관계가 인간의 행위를 두루 고려해서 골고루 살핀다는 뜻이다. 중현형은 저울추를 中(중)에다 달라는 말인데, 이 中은 저울눈에 정해져 있는 것이 아니라 물건을 달 때마다, 즉 사물의 관계와 인간행위를 둘러싼 상황에 따라 달라진다."[53]

만약 현실의 균형이 한쪽으로 기울어져 있다면 법은 균형을 다시 맞춰주어야 한다. 저울로 무게를 잴 때 균형추를 옮겨주어야 저울 양쪽 쟁반이 수평을 이루는 것과 같은 이치다. '중립'이라는 명분 아래 현실 사회와 실정법의 모순과 문제점을 외면하면 현실의 불균형은 방치될 수밖에 없고, 그 경우 중용을 이루는 것은 불가능해진다. 정의의 여신 디케도 자신이 들고 있는 저울의 추가 제대로 작동하도록 항상 균형을 맞추어야 한다. 이때 사회적 약자의 상황과 경험이 고려되어야 함은 물론이다. 20세기 초 미국 연방대법원 대법관으로 재직한 벤자민 카르도조Benjamin Cardozo가 퇴임하면서 남긴 말은 큰 울림을 남겨주었다.

"법관으로 재임 중 중립적이었다고 생각한 판결은 나중에 보니 강자에게 기울어진 판결이었고, 재임 중 약자에게 유리한 판결을 내렸다고 한 것은 나중에 보니 중립적이었다."[54]

요즘 들어 이해할 수 없는 검찰의 수사, 법원의 판결을 자주 접하게 된다. 법률가들은 자신이 진정한 중용의 자세를 취하고 있는지, 아니면 중립의 이름 아래 한쪽 편을 들고 있는지 돌아보아야 한다. 세상의 공부가 이런 식으로 쓰인다면 우리 모두 진정으로 공부하지 않은 것이리라. "저주받으리라, 법률가여. 너희는 지식으로 들어가는 열쇠를 가지고 너희 자신도 들어가지 않고 들어가려는 사람들까지 막았다"라는 예수의 음성이 들리지 않는가.

가장 기피하던
'형사법'을 선택하다

지나가는 시민에게 '형법' 하면 무엇이 떠오르느냐고 물으면, 대부분 '체포', '구속', '감옥' 등의 단어를 말할 것이다. 사실 형법이 적용된다는 것은 시민의 생명, 신체, 자유, 재산 등이 박탈되거나 제한된다는 것이다. 죽거나 갇히거나 빼앗기는 것이니 시민들이 두렵게 생각할 만하다. 1974년 발표된 정을병의 단편소설 「육조지」에 나오는 여섯 가지 '조지기'는 시민의 형법에 대한 관념을 적나라하게 보여준다. 즉, 집구석은 팔아 조지고, 죄수는 먹어 조지고, 간수는 세어 조지고, 형사는 패 조지고, 검사는 불러 조지고, 판사는 미뤄 조진다는 관념이다.

나도 대학 시절에는 형사법이 싫었다. 수업도 많이 빼먹었고, 관심이 안 가니 공부도 열심히 하지 않았다. 독재정권은 각종 악법으로 시민의 정당한 표현의 자유 행사를 강하게 처벌했다. 등하교 길은 물론 길거리에서도 툭하면 경찰관이 시민의 옷과 가방을 뒤졌다. 항의라도 하게 되면 끌려가 경찰버스나 경찰서 안에서 두들겨 맞았다. 수사 절차에서 고문이나 폭행은 다반사로 이루어졌다. 그러나 당시 형사법학은 이러한 처참한 법 현실을 외면하거나 심지어 정당화하고 있었다. 존재하고 있는 법은 옳은 것이므로 지키면 되고, 법학은 법조문을 기존 통설과 판례에 따라 해석하는 것뿐이라는 인식이 팽배했다. 이러한 상황에서 형사법을 공부하고 싶은 마음은 전혀 없었다. 그래서 대학 시절에는 법철학, 법사회학, 국제인권법 등에 관심을 가졌다. 실정 법률에 대한 실망, 국내법에 대한 실망 때문이었다.

그러나 대학원 입학 후 멘토 교수님과 선배님들을 만나면서 생각이 달라졌다. 싫어했던 과목이었는데 도전해보고 싶다는 마음이 생긴 것이다. 형사법을 한국 사회 현실과 연결시켜 파악하고 변화의 방향을 모색하는 방향으로 공부하다 보니, 점점 재미있게 느껴졌다. 형사법은 인권과 밀접한 관련이 있다. 형법은 단지 범죄를 처벌하는 것만 아니라 인권을 보호하는 것도 사명으로 하고 있다. '죄형법정주의'는 형법을 만들고 해석하는 대원칙으로, 이를 통해 국가형벌권의 오남용이 통제된다. 묵비권, 변호인접견권, 고문금지 등 형사절차상의 권리를 통해 피의자와 피고인의 인권이 보호된다. 형법은 범죄와의 투쟁 도구인 동시에 국가형벌권에 의해 시민이 부당하게 억압받는 것을 방지하는 역할을 하는 양면성을 가지고 있는 것이다.

형사법은 어떤 행위가 범죄인지, 어떤 행위는 범죄가 아니어야 하는지, 범죄에 대해서는 어떠한 제재가 가해져야 하는지, 그리고 피의자와 피고인을 수사, 기소, 재판할 때는 어떠한 절차를 지켜야 하는지 연구하는 학문이다. 형사법은 민사법과 함께 법학 중 가장 기본에 속하는 분야이지만, 법대에서 형사법을 공부하려는 사람은 다른 전공에 비해 상대적으로 적은 편이다. 국제법이나 지적 재산법과 같이 세련된 느낌을 주지도 않고, 회사법, 세법, 경제법과 달리 돈 버는 것과도 관련이 없다. 그런데 공부해야 할 양은 매우 많다. 굳이 비교하자면, 의대에서 힘들기만 하고 돈은 안 된다는 이유로 전공의 지원율이 낮다는 외과와 비슷하다.

그러나 나는 이 묵직한 학문 분야가 좋아졌다. 특히 형사법을 헌법정신에 비추어 분석하는 학문방법론에 매료됐다. 이는 '헌법적 형사법학'이라 명명할 수 있는데, 형사법 조문의 틀 안에서만 맴돌지 않고 민주주의와 인권의 관점에서 형사 법률과 판례의 옳고 그름을 따지는 방법론이다. 이러한 방법론을 취하면 형사 법률이 범죄라고 규정하고 있는 것이 민주주의와 인권의 관점에서 보아 정당한지 비판적으로 분석하게 되고, 정당하다 하더라도 그에 가해지는 제재가 적정한지, 그 법률을 집행하는 절차는 적정한지 등을 검토하게 된다.

쉽게 이해하기 위해 현재 문제가 되고 있는 몇 가지 사례를 들어보자.

첫째, 우리나라 법률에 따르면 대학교수와 달리 초·중·고 교원의 정치활동이나 정당가입은 불법으로 형사처벌된다. 이에 대해 "당연한 거 아냐? 교사가 무슨 정치야?"라는 사람이 많을 것이다. 그렇지만 한국 바깥으로 시선을 돌려보자. OECD 회원국 중에서 한국과 일본 정도를 제외하고 대부분 나라에서는 교원 및 교원단체의 정치활동을 인정하고 있다. 예컨대, 프랑스의 경우 교원노조는 정당과 긴밀한 연대를 맺고 활동하며, 교원은 한국의 교수처럼 공직선거 출마시에는 휴직·복직이 허용된다. 국회의원 중 교원 출신은 단일직종으로 가장 높은 비중을 차지하고 있다. 일찍이 '국제연합교육과학문화기구UNESCO'와 '국제노동기구ILO'도 1966년 '교원의 지위에 관한 권고'를 통해, "교원은 시민이 일반적으로 향유하는 모든 시민적 권리를 자유롭게 행사할 수 있어야 하고 공직 취임이 가능해야 한다"라고 권고한 바 있으며, 2010년 5월 우리나라를 방문해 한국의 성지석 표현의 사유의 위축 상황을 직접 조사한 프랑크 라 뤼Frank La Rue 유엔 '표현의 자유 특별보고관'은 2011

년 6월 스위스 제네바에서 열린 UN인권이사회 총회에서 한국 정부를 향해 교원과 공무원의 정치적 의사표현의 자유를 보장하라는 권고를 담은 보고서를 제출했다.

그래서 나는 이렇게 주장하고 있다. 즉, 교원이 자신의 정치적 견해에 따라 교육 내용을 왜곡하고 자신의 견해를 학생에게 강요하는 것, 교원이 수업 시간에 수업 내용과 무관하게 특정 정당의 홍보 또는 출마 후보에 대한 지지활동을 벌이는 것, 근무시간 동안 소속 정당의 업무를 보는 것 등은 금지되어야 한다. 그러나 이러한 제약을 넘어 교원이 정당에 가입하거나 근무시간 종료 후 정치활동을 하는 것마저 금지하는 것은 과도한 기본권 제약이며, 위헌이다. 표현의 자유 행사에 있어서 부작용이 발생하지만, 그렇다고 해서 표현의 자유 자체를 금지할 수 없는 것과 마찬가지 이유다. 교원은 교원이기 이전에 정치적 기본권의 주체다. 교원의 정치활동이 교원으로서의 직무를 방해하는 것은 막아야겠지만, 그러한 직무방해를 염려해 정치활동 자체를 금지하고 처벌하는 현실은 바뀌어야 한다.

둘째, 현재 형법 제314조의 업무방해죄는 노동쟁의를 범죄화하는 핵심적 도구로 남용되고 있다. 헌법이 명시적으로 노동쟁의를 기본권으로 규정하고 있음에도, 판례는 노동자들이 집단적으로 정시출퇴근, 시간외근로를 거부하거나 집단조퇴·집단휴가를 사용—통상 '준법투쟁'이라고 불리는 쟁의전술―하면 폭력, 파괴행위, 폭행, 협박 등이 수반되지 않더라도 이를 업무방해로 처벌하고 있다. 그리고 헌법상 노동쟁의권은 노동자의 일방적 근로계약 파기를 보장하는 것인데도, 판례는 노동자의 집단적 노무제공거부를 업무방해로 처벌하고 있다. 사법私法적 근로계약 위반은 감봉 등의 제재로 해결되어야 함에도 형사처벌을 동원하는 것을 허용한 것이다. 이렇게 되면 헌법이 금지하는 강제노동을 노동자에게 강제하는 결과를 낳는다. 그리하여 2007년 국제노동기구와 2009년 11월 유엔 경제·사회·문화적 권리위원회는 각각 한국 정부가 '업무방해죄' 적용으로 노동자들의 파업권을 약화시키고 안정적이고 조화로운 노사관계 형성을 막고 있다는 점에 대해 심각한 우려를 표명했던 것이다.

셋째, 안도현 시인에 대한 재판에서 배심원이 전원 일치 무죄평결을 내렸는데, 재판부는 이를 뒤집은 적이 있다. 허위사실공표는 무죄, 후보자비방은 유죄라는 것이다. 공직선거 후보자의 행위에 대해 합리적 의심을 할 상당한 근거가 있음에도 이를 제기하면 범죄가 된다는 것이 헌법정신에 부합하는 걸까?

선거라는 민주주의를 지탱하는 핵심 절차에서 후보를 검증하기 위한 표현의 자유 행사를 형사처벌로 세탁하는 것은 무조건 경계되어야 한다. 부분적 오류, 과장, 허위가 있더라도 공직후보자에 대한 검증을 억제하는 것은 민주주의의 원칙에 반하는 것이다. 이 점을 간과하고 형사처벌을 남용한다면, 선거과정은 침묵의 무덤이 될 것이다. 김구 선생은 민주주의는 훤훤효효喧喧囂囂, 많은 사람들이 저마다 떠드는 모양, 갑론을박을 허용하는 것이라 했다. 민주주의의 꽃인 선거에서는 두말할 필요도 없지 않겠는가!

넷째, 이성애 군인 남녀―부부 또는 연인―가 합의에 기초해 항문성교, 구강성교, 성기애무 등을 한 경우는 수사대상조차 되지 않는다. 영내에서 이러한 행위를 하다가 발각된다면 징계처분 정도를 받을 것이다. 반면 동성애 군인이 합의에 기초해 이러한 행위를 하면 군형법상 범죄가 되어 수사를 받고 형사처벌을 받는다. 이러한 처벌은 명백히 동성애자에 대한 위헌적 차별이다.

법학을 '업'으로 삼고 있는 사람이라면 이런 문제를 무시하고 지나칠 수 있을까. 내가 '헌법적 형사법학'을 공부하는 목표는 우리나라의 법률, 판례, 법 실무 등을 헌법과 국제인권법의 기준에 맞추어 바꾸는 것이다. 나는 이것이 진짜 '선진화'이며 '글로벌화'라고 생각한다. 형사법을 단지 국가폭력의 법적 표현만이 아니라 시민의 자유와 인권을 보호하는 장치로 바꾸기 위해 나는 학자로서 공부하고, 또 실천하는 일을 멈추지 않을 것이다.

지금 청년에게 필요한 것은…

　　우리나라 젊은이들은 OECD 그 어떤 나라보다 고학력이고 문화수준도 높다. 인터넷과 IT 기기 다루는 것은 세계 최고 수준일 것이다. 오죽하면 게임이나 디지털 기기의 글로벌 성공을 확신하려면 한국에서 먼저 인정받아야 한다는 말이 나왔을까. 기성세대보다 외국어 실력이 뛰어날 뿐만 아니라 글로벌 경험도 풍부함은 물론이다. 단군 이래 이만큼 뛰어난 청년층, 그것도 엄청난 숫자의 청년층이 존재한 적이 있었던가! 그렇다고 청년들의 열정이 부족한가? 그들의 열정은 차고도 넘친다. 대학생들은 물론이고, 대학에 진학하지 않은 청년들도 마찬가지다. 고교 졸업 후 취업을 계획하는 특성화고나 마이스터고 학생들의 재능을 보여주는 프로그램을 보며 "우리나라

10대들 정말 재주와 열정이 많구나!" 하고 감탄한 적이 있다.

벨기에 영화 「로제타」장피에르 다르덴, 뤼크 다르덴, 1999는 청년실업 문제를 다루었다. 주인공 로제타는 계약기간 만료로 공장에서 해고된 후 겨우겨우 와플 가게에 취업하지만, 믿었던 남자 친구에게 일자리를 빼앗긴다. 그녀는 남자 친구의 비리를 폭로해 일자리를 되찾고, 트레일러 집에 돌아가 자살을 시도하다 실패한다. 이 영화가 큰 사회적 파장을 일으키면서, 벨기에 정부는 청년실업자 의무고용제를 실시했다. 50인 이상 종업원이 일하는 기업은 3% 이상 청년실업자를 고용하는 정책이다.

지난 대선 때 여야는 '로제타 플랜'을 도입하겠다고 앞다투어 공약했다. 이후 다행히 청년고용촉진특별법이 개정되어 2014년부터 공공기관은 매년 직원 정원의 3% 이상을 34세 이하 청년 구직자 중에서 뽑아야 한다. 서울시의회도 서울시 청년일자리 기본 조례안을 제정해, 서울시의 17개 투자·출연기관이 정원 2만 명의 3%인 600명 이상을 청년 구직자 중에서 매년 신규로 채용하도록 했다. 그러나 이러한 흐름이 기업으로 확산되지는 못하고 있다.

우리나라 청년들은 재주와 열정을 분출할 곳을 못 찾고 있다. 사회는 이들을 공무원 시험이나 대기업 취직에만 연연하게 만들고 있다. 첫 번째 문제는 국가다. 이런 청년들을 어떻게 쓸지에 대해 제대로 된 정책이 없다. 일자리 문제만 보더라도 국가적 과제니 어쩌니 하면서도 국가기관부터 비정규직의 정규직 전환이 미흡한 실정이다. 국가가 나서서 물꼬를 터줘야 한다. 무엇보다도 먼저 비정규직 해소 정책을 강력하게 펼쳐야 한다. 일부 지방자치단체에서 비정규직의 정규직 전환을 시도하고 있는데, 국가 차원에서 모범을 보여 청년들의 일자리 불안을 해소시켜야 한다. 정규직 채용을 확대하는 기업에는 세제 관련 인센티브를 제공해 사회 전체가 일자리 불안을 해결할 수 있도록 유도해야 한다.

시장의 유연성을 운운하며 엄살 부리는 기업들의 요구로 받아들인 비정규직 제도는 사람을 쉽게 쓰고 쉽게 자르는 '작두'로 전락했다. 비정규직이라는 불안한 신분을 악용해 '견마지로'식으로 충성을 다하면 정규직이 되게 해주겠다는 것은 야비한 짓이다. 불안과 공포를 활용해 최선을 끌어내는 데는 한계가 있다. 비정규직으로 채용이 될 때는 감지덕지라 하며 고마워하겠지만, 정규직과의 차별과 언제 잘릴지 모른다는 불안감 때문에 기업이 원하는 애사심을 키울 수 없다. 그런 구조와 환경에서 비정규직 청년들에게 개인의 능력과 책임을 따진다는 것이 얼마나 불공정한가. 개인의 분발을 촉구하기 전에 국가와 기업이 사회적 책임을 다해야 한다.

말로만 선진국 타령을 하지 말고, 선진국에서는 청년과 관련한 문제를 어떻게 해결하는지 주목하기 바란다. 사회적 기업이나 협동조합은 청년들에게 새로운 도전의 기회를 제공하는 중요한 통로이다. 그러나 아직 걸음마 수준이다. 세계적으로 이는 신자유주의를 극복하는 대안으로 인정되면서 확산되고 있지만, 우리나라에서는 '좌파' 운운하는 정치공세를 퍼붓고 있다. 복지 관련 서비스업도 제대로 자리를 잡지 못하고 있다. 지난 대선 때에도 '복지국가'의 필요성에 대해서는 진보와 보수가 모두 공감했지만, 대선이 끝나자 복지는 세금 낭비라는 둥, 게으른 자들을 양산한다는 등의 주장이 되살아났다. '복지의 생산성'에 대한 무지를 넘어선 왜곡이다.

현재 사회적 기업은 장애인이나 노인들이 근무하는 곳이라는 인식이 퍼져 있다. 사회적 약자에게 경제활동 기회를 주는 것은 물론 필요하다. 그러나 사회적 기업은 그에 그치는 것이 아니다. 정부도 사회적 기업이 사회적 약자를 채용하면 인건비를 지원해주는 식의 정책에만 머물러서는 안 된다. 이러한 정책만으로는 사회적 목적을 추구하며 일자리 창출과 더불어 시민 전체의 삶의 질을 높인다는 기본 취지를 충족시킬 수 없다. 오히려 사회적 기업이 자립하는 것에 족쇄를 채울 수도 있다.

일본 요코하마 시의 사회적 기업 정책을 보자. 요코하마 시는 일본에서 보육시설이 가장 적은 곳으로, 젊은 맞벌이 부부들의 어려움이 많았다. 시 정부는 보육서비스를 제공하는 사회적 기업을 대대적으로 지원했다. 최근 4년간 160곳의 보육원이 새로 생겼고, 보육대기 인원은 0명이 됐다. 좋은 일자리 창출, 복지 수요 충족, 출산율 증대 등의 효과가 동시에 이루어진 것이다. 이러한 정책이야말로 창의적이지 않은가! 정부의 인건비 지원이 없더라도 수요가 있으므로 사회적 기업이 자립할 수 있고, 또 지역 사회에서도 아이를 안심하고 맡길 수 있는 보육서비스가 생겨 삶의 질이 높아지니 말이다. 청년들이 자신의 지향, 흥미, 전공에 따라 환경, 생태, 복지, 문화, 오락, 예술, 체육 등 다양한 분야의 사회적 기업 창설로 뛰어들 수 있도록 중앙과 지방정부가 적극 지원해야 한다. 이렇게 되면 청년실업 해결과 사회복지망 강화라는 두 마리 토끼를 다 잡을 수도 있을 것이다.

한편, 청년들이 꿈을 펼칠 수 있는 곳을 찾는 동안 국가가 다양한 방식으로 최저 생활을 유지할 수 있도록 지원해야 한다. 일단 대학생의 경우 '반값등록금' 정책을 실현해 학비 부담을 줄여야 한다. "우리는 학부모의 지갑에 기댄 고등교육이 실패하도록 놔둘 수 없어서 등록금을 폐지했다"라며 2014년 가을학기부터 학기당 500유로(약 70만 원)의 대학등록금을 완전 폐지한 독일 사례에 귀를 기울여야 한다.[55] 그리고 OECD 최저수준의 시급을 OECD 권고에 따라 전체 노동자 평균임금의 50% 수준, 즉 약 6000원 정도로 상향 조정해야 한다. 이 정도가 되어야 청년 학생들 숨통이 트이고, 자신의 미래도 설계할 수 있을 것이다.

그럴 돈이 어디 있느냐고 반문하는 것은 후안무치한 짓이다. 지금도 눈먼 돈이랍시고 줄줄 새는 세금이 한두 푼 아니다. 어디 새는 세금뿐인가? 우리나라는 벌면 벌수록 세금을 상대적으로 덜 내는 이상한 나라다. 가진 자들만을 위한 정책을 펼치며 돈을 낭비하는 것을 감시하고, 부익부 빈익빈을 방치하는 조세제도를 고치고, 또 법으로 정한 최저생계비조차 떼어먹는 악덕 기업인을 제대로 처벌하는 것만으로도 청년들의 최저생계는 지켜줄 수 있다.

대다수 청년 학생들이 전체 기업의 1%, 일자리의 12%밖에 안 되는 대기업 취직을 위해 달려가고 있는 것이 우리 현실이다. 왜 청년 학생들이 중소기업으로 가려 하지 않을까? 대기업과 중소기업 사이의 '갑을 관계'를 잘 알고 있기 때문이다. 중소기업에 취업해 열심히 일해도 그 성과를 '갑'에게 빼앗기는 상황 자체를 해결해야 한다. 그 방안은 다름 아니라 지난 대선 시기 여야 후보 모두가 약속한 '경제민주화'다. 규모는 작지만 중소기업도 대기업만큼이나 청년들의 큰 꿈을 펼칠 수 있는 곳이라는 믿음이 안착하도록 법과 제도가 바뀌어야 한다. 이러한 '경제민주화' 없이 청년 학생들에게 중소기업으로 가라고 훈계하는 것은 기성세대의 오만이다.

고졸 취업 활성화 정책도 적극 추진되어야 한다. 대학등록금이 무료이거나 매우 저렴한 유럽의 경우 고졸자의 대학진학률은 40% 수준이다. 그 이유는 고등학교만 졸업해도 취업이 되고 차별받지 않는 제도가 자리 잡았기 때문이다. 사실 고졸자 대다수가 대입 시험에 매달리는 나라보다 대학을 가지 않아도 먹고살 수 있고 존중받을 수 있는 나라가 더 좋은 나라 아니겠는가.

그런데 기업은 고졸자가 입사 후 1~2년 내에 군대에 들어가므로 채용을 꺼린다. 고졸자 입장에서는 취업을 하더라도 야간대학 등에 진학해 취업과 학업을 병행하고 싶지만 중소기업에선 이런 기회를 거의 주지 못하고 있다. 고졸 취업률도 높이고 중소기업 인력난도 해소하려면, 이런 구체적인 문제까지 해결해야 한다. 현실에서 활용 가능한 것들은 바로 이런 것들이기 때문이다. 특성화고나 마이스터고 졸업자를 일정 요건의 중소기업에서 일하는 산업기능요원(병역특례)으로 대폭 선발하는 것, 그리고 중소기업들이 지역 대학과 연계해 고졸 직원들의 근무 중 진학을 보장해주고 배려하는 조치 등이다. 이미 포화상태에 이른 대학은 스스로 방향 재조정을 통해 취업 중심 고등교육기관으로 변신해야 한다. 국가와 기성세대가 이 정도의 소지는 마련해놓을 때 비로소 청년 학생들에게 "눈높이를 낮춰라"라고 훈계할 자격을 갖출 수 있다.

나도 어느덧 완전한 기성세대다. 이런 세상을 아이들에게 물려준 책임은 나와 우리에게 있다고 본다. 그러나 지금, 청년이라면 모든 것을 배우되 단 포기만은 배우지 말라고 하고 싶다. 언제나 공부하고 연대하고 도전하길 바란다.

결국 문제 해결의 주체는
나 자신이다

몇 년 전부터 '멘토mentor 붐'이 일고 있다. 여러 분야에서 다양한 유형의 멘토가 등장하고 있다. 분야별로 이름이 난 유명인에게 멘토란 호칭이 붙기도 한다. '멘토 붐'이 일어난 이유는 불안한 젊은이들이 멘토로부터 위로, 조언, 격려를 얻고 싶어 하기 때문이다. 그러나 멘토는 멋진 말과 감동적인 강의 한두 번을 해주는 사람이 아니다. '멘티menti'가 걸어가는 길을 항상 애정 어린 시선으로 꾸준히 지켜보며 굽이굽이마다 방향타를 잡아주는 사람이다.

세계적으로 널리 알려진 '멘토'와 '멘티' 관계가 있다. 알베르 카뮈Albert Camus와 그의 두 스승 이야기다. 카뮈의 아버지는 포도 농장 노동자였으나 제1차 세계대전에 참전해 전사했다. 어머니는 귀가 먹은 채 가정부로 생계를 책임져야 했고 당연히 가정환경은 매우 어려웠다. 그런 카뮈의 재능을 알아본 사람이 있었으니, 바로 카뮈의 교사 루이 제르맹Louis Germain이었다. 그는 매일 방과 후 카뮈를 별도 지도했고 장학금까지 주선해 중학교 진학을 시켰다. 카뮈는 1957년 노벨문학상 수상 연설문을 제르맹에게 바친다. 얼마나 아름다운 이야기인가!

카뮈에게는 또 한 명의 멘토가 있다. 고교 시절 만난 장 그르니에Jean Grenier는 그의 스승이자 벗이었다. 그르니에는 카뮈가 작품을 쓸 때마다 제일 먼저 읽어보고 조언했음은 물론, 카뮈가 공산당에 가입하도록 이끌었다. 이후 이념적인 문제로 두 사람은 결별하지만, 이후에도 서로를 존중하며 대등하게 교유했다. 그르니에가 보낸 마지막 편지의 한 구절은 이렇다.

"당신은 언제나 내게 변함없는 우정의 증표를 보여주어 나를 자꾸만 놀라게 합니다. 내가 그런 우정을 받을 만한 자격이 없다는 것을 잘 알고 있으니 말입니다. [⋯] 당신이 내게 신세진 것이 있다고 하더라도 그것은 단지 나를 알게 됐을 때 당신의 나이가 아주 어렸다는 이유, 바로 그것밖에 없습니다. [⋯] 나의 생각이 당신과는 다르다 해도, 내가 당신에 대해 느끼는 깊은 우정에는 변함이 없습니다."(1960년 1월 1일)[56]

그 둘의 관계를 보면 수직적인 스승과 제자 관계를 넘어 서로 존중하고 격려하는 사제 관계의 모범을 볼 수 있다. 살면서 이런 관계를 맺을 수 있다는 것 또한 엄청난 행운이 아닐까.

나에게도 살면서 만난 훌륭한 멘토들이 있다. 대학 2학년 때였다. 당시 법과대학 공법학과 대표였던 나는 전두환 정권에 대한 항의 표시로 수업거부를 제안해 다수의 동의를 얻었다. 그때 이수성 전 국무총리께서 법대 교수로 우리를 가르치고 계셨는데, 어쩔 수 없이 그분의 수업도 거부해야 하기에 학생 대표로 취지를 말씀드렸다. 나는 야단맞을 거라 예상하고 갔는데, 교수님은 꾸중하지 않으셨고 오히려 우회적이지만 이해한다는 말씀을 들려주셨다. 알고 보니 이 교수님은 1980년 '서울의 봄' 기간에 서울역 광장에서 관악 캠퍼스로 돌아온 학생들을 보호했다가 5.17 쿠데타 이후 당국에 끌려가 고초를 겪으셨다. 김근태, 조영래, 손학규 등 젊은 민주화운동가들을 음양으로 도와주고 계셨고, 학내에서도 운동권 학생들의 징계를 막거나 약화하기 위해 애를 써주셨다. 이런 경험이 있었기에 나를 비롯한 학생들을 걱정하고 이해해주셨던 것이다. 당시 다수 교수님들의 태도와는 크게 달랐다. 3학년이 되자 이 교수님은 나를 따로 부르셨다.

"자네 앞으로 어떡할 건가? 고시는 안 볼 건가?"

"네. 저는 고시는 안 볼 겁니다."

"그렇다면 대학원에 들어와 내 밑에서 공부하게."

교수님의 갑작스런 말씀이 당황스러웠지만, 한편으로는 무척 고마웠다. 대학원에 진학하면 교수님께서 비빌 언덕과 너른 울타리가 되어주실 거라는 믿음도 있었다. 나는 1987년 대학원에 진학해 교수님의 제자이자 조교가 됐다. 그르니에의 표현을 빌리면, 이후 교수님은 제자들이 가지고 있는 "젊은이 특유의 오만"을 직시하시면서도, 제자들 속에 있는 각각의 "위대한 재능"을 발견하고 그 앞에 있는 "엄청난 장애물"을 넘어서도록 모든 도움을 주셨다.[57] 돌이켜보면, 1987년 당시 교수님의 연세가 대략 현재 내 나이와 비슷했다. 내가 어느새 까마득해 보였던 선생님의 나이가 된 셈이다. 나는 과연 선생님 같은 역할을 하고 있는지 스스로에게 물어보게 된다.

이후 이수성 교수님은 서울대 총장을 지내신 후 김영삼 정부 시절 국무총리를 하셨다. 1997년 한나라당 대통령 후보 경선에 나가기도 했던 점에서 알 수 있듯 정치적으로 보수적인 분이셨다. 그러나 엄청난 포용력과 친화력의 소유자로, 나를 포함해 진보적 성향의 제자들을 정치적인 이유로 배척하거나 비난하는 일은 단 한 번도 없었다. 오히려 진보적 입장을 잘 발전시켜 각자 역할을 하라고 격려해주셨다. 그러나 인간에 대한 예의를 잊는 사람들은 꾸짖으셨다. 그리고 교수님은 항상 사람과의 관계에서 다른 점을 찾으려 하지 말고 비슷하거나 같은 점을 찾으라고 말씀하셨다.

지난 총선과 대선 시기에 내가 선거에 깊이 개입하자 교수님은 친구분들과 만나시는 자리마다 "자네 제자 조국, '빨갱이' 아냐? 공부나 하지 왜 정치에 개입하면서 설쳐? 제자를 잘못 두었어!"라는 면박을 받으셨고, 그때마다 나를 끝까지 변호해주셨다고 들었다. 죄송할 따름이다.

나는 정치적·학문적 입장에서 지도교수님의 길을 따라가지는 않았지만, 사람을 대하는 자세와 태도에 대해서만큼은 언제나 교수님께 배우려고 노력하고 있다. 내 수업 수강생이건 논문 지도학생이건 나와 달리 보수적 정치관을 가진 학생이 많지만, 그 점에 대해 전혀 개의치 않고 교수로서 도울 수 있는 일은 다 돕고 있다.

이수성 교수님 다음으로 내게 멘토 역할을 해주신 분은 안경환 교수님이다. 안 교수님은 내가 대학원에 입학한 1987년 서울대 법대에 영미법 담당 전임강사로 부임하셨다. 당시 40세가 되지 않은 나이라 학생들 눈에는 '청년'으로 보였다. 실제로도 '만년 청년' 정신을 갖고 계셨다. 교수님은 학내·외에서 내학원생들과 친근하게 어울리며 우리 고민을 들어주셨다. 당시 한국 법학은 일본이나 독일 법학이론의 일변도였기에 안 교수님의 영미법학 소개는 우리의 지적 호기심을 자극했다. 안 교수님이 가장 관심을 두셨던 미국 헌법이론은 한국의 기본권 현실을 비판적으로 검토하는 지적 자양분이 됐다. 대학원에서 형사법을 전공하는 대부분의 학생들처럼 나도 독일 유학을 생각하고 있었는데 방향을 바꾸어 미국으로 간 것 또한 안 교수님의 조언 덕이 크다.

"우리나라에서 법학 공부로 유학을 가겠다는 사람들이 죄다 독일로 갔네. 우리나라 법학은 마치 독일 법학의 식민지 꼴이나 다름없네."
"한국법의 뿌리는 대륙법이니 그렇지 않겠습니까?"
"독일 법을 공부하는 것, 물론 중요하지. 그러나 독일에는 충분히 많이 갔으니 자네는 미국으로 가지그래. 대륙법계 법학과 영미법계 법학의 균형을 맞춰야 할 시기야. 그리고 형사절차법의 경우는 미국 쪽이 단연 앞서 있다네."

이후 안 교수님이 1989년 발표하신 논문 「미란다 판결의 현대적 의의」를 읽고 미국 유학을 결심했다. 묵비권과 변호인 접견권 등 형사절차적 권리 보장의 혁명을 이룬 미국 연방대법원의 위대한 판결이 가슴을 뛰게 했기 때문이다.

안경환 교수님은 2006년 10월 국가인권위원장이 되셨는데, 나는 2007년 12월 국가인권위원으로 임명되어 교수님을 보좌하기도 했다. 교수님은 이명박 정부의 인권위 조직 축소에 항의하면서, "정권은 짧고 인권은 영원하다"라는 말을 남기고 국가인권위원장을 그만두셨다. 2012년 대선 시기, 나는 정년을 앞둔 교수님과 함께 '전쟁터'에 들어갔다. 안 교수님은 나와 함께 '정권교체와 새 정치를 위한 국민연대' 상임공동대표를 맡아 분투하셨다. 교수님은 정년퇴임 후에도 그 이전과 마찬가지로 연구에 매진하고 계신다.

두 분 교수님 외에 멘토 역할을 해주신 여러 선배들이 있었다. 3학년을 마쳤을 무렵에는 이미 대학원에 진학해 학문으로서 법학 공부를 하고 있던 선배들을 만났다. 선배들은 독재 체제를 옹호하는 법학이나 현실과 유리된 추상적 개념과 논리에만 빠져 있는 법학이 아닌 다른 법학을 해보자는 데 뜻을 모으고, 학교 커리큘럼과 상관없이 별도의 공부를 진행하고 있었다. 대학 시절 내가 했던 것과 비슷한 고민과 경험을 했던 선배들이었다. 이 분들이 작업한 책 『법, 국가, 저발전』(한인섭·이철우 엮음, 1985), 『마르크스주의와 법』(휴 콜린즈 지음, 홍준형 옮김, 1986) 등도 읽게 됐다.

대학원 입학 후 이 선배들과 함께 열심히 공부했다. 정규 수업 시간에 읽었던 논문이나 사료보다 훨씬 더 많은 양의 글을 이 세미나에서 읽었다. 당시 한국 법학계에는 거의 소개되지 않았던 '법과 사회' 학파, '비판법학' 학파, 마르크스주의 법학 등을 섭렵했다. 선배들과 함께 공부하며 내 속에서는 학문에 대한 뜨거운 열정이 일어났다. 선배들에게 배우고 논쟁하면서 쑥쑥 크는 느낌이었다. 선배, 동료들과 같이 읽고 번역한 결과물의 일부는 『자본주의 국가와 법이론』(조성민 역, 1987)으로 출간됐다. 여기서 '조성민'은 "조국의 민주화를 이룬다"라는 뜻의 가명인데, 학문적 성과를 가명으로 내야 했던 당시 현실을 잘 보여주는 사례다. 독재정권 시절 지배계급의 도구에 불과했던 형사법이 아닌 새로운 형사법에 대한 전망을 본 후, 공부는 호기심을 넘어 사명으로 다가왔다. 새로운 법학 공부를 통해 세상을 바꿀 수 있다는 판단이 들었다. 조선 말기 백성들의 곤궁한 삶을 구제하기 위해 기존의 학문 틀에서 벗어나 실학을 추구한 선비들처럼, 형법은 세상을 바꾸기 위한 방책이자 통로였다. 그래서 나에게 법학은 언제나 '실천학문'이었다. 이후 박사과정에 다니는 동안에는 그간 공부하면서 번역해놓은 것을 책으로 묶어 내 이름으로 출판했다. 『실천법학 입문』(1991)이라 이름 붙였는데, 제목에서 당시 나의 지향점을 알 수 있을 것이다.

한편, 교수가 된 후 만난 벗 중에는 훌륭한 멘토 역할을 오랜 기간 묵묵히 하고 있는 사람이 있다. 그는 전임교수도 아니지만 자신의 수업을 듣는 학생들을 대상으로 수업 외에 별도의 시간을 내어 일대일로 면담을 하고 있었다. 수업 주제와 무관한 개인적 고민을 다 들어주며, 같이 웃고 울면서 학생들을 격려하고 조언해주고 도움이 될 만한 사람을 소개해주고 있었다. 주말 시간을 할애하며 독서 모임을 직접 지도하고 있기도 하다. 지나가는 말로 "시간과 정력이 많이 들 텐데, 그 학생 중 몇 명이나 건지겠느냐?"고 했더니, "그 학생 중 10%만 바뀌어도 기쁘지 않겠어?"라는 답이 돌아왔다. 고마웠고 부끄러웠다. 나는 좋은 멘토들을 만난 덕에 여기까지 왔을 터인데, 지금 누구에게 그런 멘토 역할을 하고 있는지 반성하게 됐다. 불특정 다수를 향해 나의 사상과 철학을 역설하는 것만큼 주변의 단 한 사람에게 멘토 역할을 하는 것도 중요하지 않은가!

청년뿐 아니라 많은 사람들이 멘토를 찾고 있다. 유명인도 좋지만 가까이에서 자신의 고민과 꿈을 알아주고 소통할 수 있는 멘토가 낫다. 유명 멘토의 책을 읽고 강연을 들으며 배우는 것만큼 가까이 있는 멘토로부터 배우는 것이 많을 수 있다.

그러나 역시 멘토는 구세주나 만능해결사가 아니다. 돌아보면 아무리 도와주시고 애써주시는 분들이 많았어도 결국 문제해결의 주체는 자기 자신이었다. 유명인 '멘토'가 해주는 위로를 들으러 가는 시간에, 실패하더라도 과감히 몸으로 부딪혀보며 현실의 돌파구를 찾는 것이 실제 문제해결의 단초가 될 가능성이 더 높다.

04

호모 엠파티쿠스
공감하는 인간

동네 '바보 형'의
기억

내가 어릴 때만 해도 경상도에서 태어난 공부 잘하는 장남이 가야 할 길은 대략 정해져 있었다. 그 시절에는 어린이의 꿈 따위는 그다지 중요하지 않았다. 게다가 장남으로 태어난 아이는 마치 숙명처럼 집안의 대를 이어야 하는 것은 물론이고 모든 가족이 평온한 삶을 살 수 있도록 헌신해야 하는 의무까지 짊어져야 했다. 특히 공부 잘하는 장남이라면 이른바 '사±'자가 들어가는 직업을 갖거나 출세를 꿈꾸는 게 당연한 일로 여겨졌다. 나도 고등학교 생활기록부 장래희망란에는 '판사'라고 적혀 있다. 서울대 법대에 입학한 후 이런 기대로부터 자유로울 수 없었다. 대학을 합격하자마자 주위에서는 벌써 내 인생의 다음 무대를 이야기하고 있었다. 판사나 검사가 되어 '영감'의 호칭을 들어야 하는 게 정해진 수순이었다. 그러나 나는 그 길로 가지 않았다. 80년대 초 군사독재 시절 대학을 다녔던 많은 사람들처럼, 농촌활동, 빈민구호활동, 반독재 시위참여 등의 길을 택했다.

그런 선택을 하게 된 정신적·심리적 이유의 뿌리를 찾아가다 보면 어린 시절 뇌리에 박힌 몇몇 장면들이 떠오른다. 구덕초등학교 저학년 때의 기억이다. 우리 동네에는 지능이 떨어지는 형이 있었다. 어릴 적 동네마다 볼 수 있었다는 이른바 '바보 형'이었다. 덩치는 큰데 머리는 모자라니 철없는 동네 아이들 입장에선 놀려먹기 딱 좋은 대상이었다.

형은 가난했다. 부모님은 안 계시고 할머님께서 홀로 그 형을 키우니 하루 종일 세심하게 돌볼 수도 없었다. 휑하니 텅 빈 집보다 바깥이 좋을 수밖에 없었던 탓에 그 형은 아이들이 짓궂게 놀려도 매번 동네 골목에서 느릿한 황소걸음을 걸으며 놀았다.

"야! 이 바보야!"

그 형이 골목에 보이면 아이들은 마치 약속이라도 한 듯 너도나도 해코지를 해댔다. 형보다 나이가 어린 아이들도 돌멩이를 던지면서 놀려댔다. 이런 모습을 그저 옛 추억의 한 장면으로 여기고 순진한 아이들이 뭘 모르고 한 행동이라며 넘길 수도 있을 것이다. 하지만 나는 그런 아이들에게 화가 났다.

아이들은 순진하지만 때로는 잔인하기도 하다. 예를 들자면, 나치가 집권하던 독일에서 수많은 아이들이 '히틀러 유겐트Hitler-Jugend'의 단원이 되어 유대인들에게 돌을 던졌다. 히틀러 유겐트의 단원이었던 독일 아이들도 바보 형에게 돌멩이를 던졌던 아이들과 똑같이 순진무구했을 것이다. 의미 없이 하는 행동, 생각 없이 내뱉는 말들을 그저 '순진하다'는 말로 미화하기엔 상대가 받는 상처가 너무 쓰리고 고통스럽다. 생각 없이 던진 돌에 개구리는 맞아 죽는다는데, 상대는 개구리가 아닌 사람이니 말이다. 이유 없이 다른 사람을 괴롭히는 행위는 아무리 아이라고 해도 결코 순진함으로 포장되어서는 안 된다. 하지만 당시 나는 그런 아이들과 적극적으로 맞서지는 못했다. 단지 "느그들 그러지 마라, 와 자꾸 불쌍한 사람을 놀리노!" 정도의 몇 마디를 던졌을 뿐이었다.

물론 이런 말은 소용없었다. 나는 오히려 바보를 두둔하는 이상한 아이가 되어버렸다. 이후 언제인지도 모르게 그 형은 동네에서 사라졌다. 그렇지만 보통의 순진한 아이들이 그 형을 왜 그리 잔인하게 대했는지는 오래도록 의문으로 남았다. 오랜 세월이 지난 후 부산에 사는 주변 어른들에게 바보 형 소식을 물어보았다. 길거리에서 객사한 모습으로 발견되어 형의 할머니가 장례를 치렀다고 했다.

나는 이때 큰 충격을 받았던 것 같다. 물론 어린 아이들은 아직 세상을 제대로 이해하기엔 부족한 점이 많다. 당시 시대적 조건에서 아이들의 인권 의식은 높지 않았다. 머리가 크고 보니 세상에는 이런 일들이 만연해 있다는 걸 알게 됐다. 이런 상황을 접했을 때 '이건 아니다'라는 생각에 나서서 항변하면 잘난 체한다는 비아냥거림을 들어야 한다. 집단 논리에 빠져 있는 사람을 설득하기란 쉽지 않다. 하지만 순진한 집단성 이면에 가려진 가학성과 잔인성에 대해 침묵할 수는 없다. 바보 형에 대한 기억은, 내가 비합리적이고 부당한 대우를 받는 사람들의 현실에 대해 침묵하지 않고 발언하게 만드는 원초적 계기일지도 모른다.

초등학교 때였다. 1975년, 6학년 초였다. 새 학기라 6학년 중에서 전교학생회장을 뽑았다. 담임선생님은 학교 근처에 사는 토박이로 '모범생'에 속했던 나에게 출마를 권유하셨다. 그런데 한 친구가 출마를 선언하더니 뒷면에 자신의 이름과 기호를 적은 딱지 수백 장을 교문 앞에서 돌리기 시작하는 것 아닌가. 처음엔 황당했는데 나중에는 화가 났다. 부모님께 이 일을 알렸더니, 두 분 다 혀를 차셨다. "어른들이 하는 짓을 똑같이 하는구먼!" 1970년대 공직선거는 돈과 소식으로 승패가 갈렸다. 선거 결과 이 친구가 회장으로 당선됐다. 이 획기적인(?) 선거운동방식은 아마도 그의 부모님이 가르쳐주었을 것이다. 이후 어머니와 그 친구의 어머니가 언쟁을 벌였다는 얘기를 들었다. 어린 시절이었지만 '이건 아니다'라고 생각했다. 돌이켜보면 불공정에 대한 분노는 거의 본능적인 것이 아닌가 하는 생각이 든다.

한편 고등학교 진학을 앞둔, 1978년 대신중학교 3학년 때였다. 친하게 지냈던 같은 반 친구가 상업고등학교로 진학한다는 얘기를 들었다.

"니는 왜 상고를 가노?"
"몰라서 묻나?"
"……."

당시 나는 중학교를 졸업하면 인문계 고등학교에 진학해 대학생이 되는 것을 당연한 수순으로 알고 있었다. 그러니 그 친구의 선택이 의아하게 여겨졌던 것이다.

"돈이 없어서 못 가는 거제!"

굳어진 표정으로 무뚝뚝하게 쏘아붙이는 친구의 표정을 보며 나는 그제야 친구에게 큰 실수를 했음을 깨달았다. 이후 한동안 머릿속에서는 의문이 사라지지 않았다.

'공부도 잘하고, 공부하는 것도 좋아하는 친구가 왜 돈이 없어서 상고를 가야만 하는 거지?'

그러고 나서 주변의 친인척 중 공부를 잘하는데도 상고나 공고를 선택해야 했던 어른들의 삶을 미루어 짐작해보았다. 자신의 뜻과는 무관하게 집안 형편이 안 좋아서 인문계를 포기해야 한다는 것은 부조리한 일이었다. 나는 조금씩 세상에 대한 고민을 하기 시작했다. 책 밖의 세상을 느끼기 시작한 것이다. 누군가에겐 당연하게 주어지는 것들이 또 다른 누군가에겐 그저 바라만 보아야 하는 것이 될 수 있는 세상. 그것은 '세상을 얼마나 성실히, 열심히 사느냐'와는 다른 차원의 문제였다. 어쩌면 어린 시절의 이 경험은 어른이 된 후 진보적 지식인으로 살아가는 데 있어 밑거름이 됐던 것 같다.

우리는
너무 많이 생각하고
너무 적게 느낀다

사람들은 내가 이성적이고 논리적이라고 생각하는 경우가 많다. 법학을 전공하다 보니 정확한 개념과 수미일관된 논리를 중시하며, 논문 쓸 때 최대한 감성적 표현을 배제하게 되는 게 사실이다. 그래서 사람들은 종종 내게 '이성 과잉' 아니냐고 묻는다. 내가 감성에 대해 이야기하면 '논리적이고 자제력 강한 사람이 웬 감성?'이라는 듯 의아한 표정을 짓기도 한다. 그러나 나는 개념과 논리만으로 세상과 사람이 바뀐다고 생각하지 않는다. 그럴 수 있다면 진즉에 이 세상은 깔끔하게 변했을 것이다. 감성적 체험은 한 사람의 인생에 결정적 영향을 끼친다. 인생의 중요한 고비마다 나를 이끌었던 것은 이성적 각성보다 감성적 떨림이었다. 지금의 나를 만든 근원적 힘은 감성이었다.

　어린 시절, 방학 때면 선산이 있는 경남의 시골 마을로 놀러가곤 했다. 뒷산 저수지와 폭포가 아름다웠던 기억이 여전히 생생하다. 여름이면 외삼촌들과 함께 낙동강에도 놀러가곤 했다. 잠수를 하면 강물이 거짓말처럼 파래서 항상 신기했다. 구덕산은 초등학교부터 중학교 시절까지 뛰어올라갔던 곳이다. 그렇게 마음껏 아무 걱정 없이 뛰놀던 시절이 없었다면 지금 내가 있었을까. 앞서 소개했던 바보 형에 대한 기억, 실업계 고등학교에 진학했던 내 친구들을 보며 가슴 먹먹했던 기억이 없다면, 그때 가슴속 깊이 찡함을 느끼지 못했다면 나는 영 다른 사람이 되어 있을지도 모른다. 내가 여전히 우리 사회 여러 문제에 날선 비판을 마다하지 않고, 가능하다면 행동하는 것도, 사회적 약자들의 환경을 개선하려는 것도 모두 이런 기억 덕분이다. 이 기억의 씨앗들이 커가면서 어느 순간 발아했기 때문이다.

　물론 고등학생 때까지는 전면적으로 표출하지 못했다. 내적 확신이나 용기도 부족했고, 상황적 조건도 여의치 못했다. 그저 마음속에 비판적 관점, 부당함에 대한 분노가 농축되고 있었다. 대학에 들어가자 비로소 그동안 압축됐던 것이 일순간 분출되어 나왔던 것 같다.

　나뿐만이 아니라 역사를 돌아봐도 개인의 변화와 발전, 그리고 세상의 진보에서도 감성이 매우 중요한 역할을 한다는 걸 알 수 있다. 요즘은 기업과 정치권에서 감성이란 단어를 곁들인 마케팅과 정치 선전이 기승을 부리고 있다. 감성의 체험은 웬만한 논리적 설득보다 더 큰 위력을 발휘한다.

세상은 사람이 바꾸는 것인데, 사람은 이성과 감성이 동시에 작동하는 복잡한 동물이다. 다른 사람과 관계를 맺을 때에도 이성적 판단으로 시작하기보다는 감성적 느낌으로 시작하는 경우가 많다. 대체로 우리가 관계를 맺고 있는 인간은 네 가지 유형이 아닐까 싶다. 첫째는 나와 생각도 같고 인간적으로도 좋은 사람이다. 둘째는 나와 생각은 같은데 인간적으로는 싫은 사람이다. 셋째는 나와 생각은 다르지만 인간적으로는 좋은 사람이다. 넷째는 나와 생각도 다르고 인간적으로도 싫은 사람이다. 저 사람은 진보라고 하는데 왠지 싫은 사람과 보수적인 사람이지만 왠지 좋은 사람이 내 주변에 몇몇 있다. 인간 관계가 진보냐 보수냐로 딱 잘라 형성되는 것이 아니기 때문이다. 인간의 삶이란 게 원래 그렇지 않은가.

정치적으로 진보 성향인 사람들 가운데 부모님 역시 기본 성향이 진보적인 분들이 얼마나 될까? 이런 부모님에게 이성적인 설교를 한다고 성향이 바뀔까? 설득과 공감은 감성에 의해 이루어진다. 만약 이념이 닮은 사람을 만나면 바로 연애를 하고 싶어질까? 단순히 이념으로 사람을 나누고 접근하는 것 자체가 잘못된 것이다.

　변화를 일으키는 결정적 순간은 이성으로는 억지할 수 없는 강한 감성의 힘이 자신을 지배할 때다. 가슴속에서 울컥하는 그 무엇, 배꼽 아래에서 치솟아 오르는 그 무엇이 있어야 사람을 바꾸고 세상을 변화시킨다. 그런 감정적 떨림 없이는 잘못을 인지하고도 행동하지 못한다. 지식 습득을 통해 머리로 깨닫는 것, 가능하다. 그로 인한 변화도 중요하다. 그러나 그 지식이 가슴 떨림과 만나야 '또 하나의 자신'이 세상 밖으로 나오게 된다. 어쩌면 우리가 진짜로 해야 할 공부는 이런 것 아닐까? 찰리 채플린의 명작「위대한 독재자」찰리 채플린, 1940의 마지막 연설에 나오는 명대사는 나의 가슴을 뛰게 한다.

　"우리의 지식은 우리를 냉소적으로 만들었고, 우리의 영리함은 우리를 딱딱하고 불친절하게 만들었습니다. 우리는 생각은 너무 많이 하지만 너무 적게 느낍니다."

　내 연구실에는 신영복 선생의 글씨 "가장 먼 여행 머리에서 가슴까지, 그리고 가슴에서 발까지"가 걸려 있다. 활자나 영상을 통해 지식이 머릿속에 들어가 축적되는 것만으로는 지식이 생명력을 갖지 못한다. 지식이 개인과 사회의 변화를 이루어내려면 가슴으로 느끼는 울림이 생겨야 한다. 그래야만 가슴에서 손과 발로 가는 길이 뚫린다. 마음이 움직여야 몸이 움직인다. 지식이 감성과 어우러져 행동으로 나아갈 때, 그 변화는 도도한 장강의 흐름마저 바꿀 수 있다.

법학을 공부하고 논문을 쓰며 가슴의 메마름을 느낀 적이 많았다. 연구실이라는 성 안에 자신을 가두고 의도적으로 세상과 단절시켰던 시절도 있었다. 거의 매일 국내외 논문과 판례를 읽으며 연구하면서 학자로서의 본분을 지키는 데 매진했다. 당시에는 이러한 몰입이 반드시 필요했다. 그렇지만 1년에 논문만 7~8편을 쓸 정도로 '속도전'을 벌이다 보니 마음의 여유가 없어졌다. 논리의 정밀함과 정치精緻함 추구에 집중하다 보니 논리 너머에 존재하는 '사물의 실재'와 멀어지는 느낌이 왔다. 루이 알튀세르Louis Althusser식 '이론적 실천'을 넘어 사람과 세상과 만나야 한다는 판단이 섰다. 날카롭게 벼린 논리의 칼뿐만 아니라 뜨겁게 쿵덕거리는 가슴이 필요함을 느꼈다.

40대에 접어들면서 내 자신을 되돌아보는 여러 계기가 있었다. 지난 시간을 되돌아보았더니 그 발자국이 흐트러짐 없어 보여 되레 부족함이 느껴졌다. 이성 및 규범의식 과잉 상태의 자신이 최고인 양 착각하며 살았던 스스로의 한계가 보였다. 친구들이 나를 보고 종종 '엄숙쟁이', '규범주의자'라고 놀린 이유를 알게 됐다. 생각이 여기까지 미치면서 '내가 내 안에 장벽을 쌓았구나'라는 자각이 있었다.

영화의 한 장면처럼, 마침 그때 감성이 풍부한 벗이 시집 한 권을 건네줬다. 내 생활이 너무 건조하고 팍팍하게 보였던 모양이다. 시집을 건네받아 읽는 순간, 논리와 이성으로 글쓰기와 책 읽기에 몰두했던 나는 해방감을 느꼈다. 치유의 기분마저 들었다. 이후에는 구원받는다는 생각이 들 정도로 시에 몰두했다. 시는 나에게 안식처이자 감성의 공급처였다.

이러한 과정을 거치면서 사람과 세상을 그 이전과 달리 볼 수 있었다. 니체Nietzsche는 말했다. "춤추는 별을 탄생시키기 위해 사람들은 자신들 속에 혼돈을 지니고 있어야 한다."[58] 그래, 혼돈이 필요해! 안토니오 네그리Antonio Negri의 개념을 빌려 말하자면, 혹시 내가 '산 노동', '디오니소스의 노동'이 아니라 '죽은 노동', '시지프스의 노동'을 하고 있지는 않은지 되돌아보게 됐다. '이성의 독재'에 억압된 감성, 영감, 본능, 광기, 열정 등의 중요성을 뒤늦게 깨달았다고 해야 할까? 니체의 표현을 빌리자면, 아폴로적인 것 외에 디오니소스적인 것의 소중함을 깨달았다.

사람을 보는 시선에도 변화가 있었다. 주변인들의 상당수가 법을 전공하는 법률가이거나 아니면 학자나 지식인이다 보니 이 범주가 아닌 사람들의 사고 및 행동방식을 잘 이해하지 못하는 경우가 많았다. 규범을 온몸으로 깨뜨려버리는 사람을 머리로는 이해해도 마음으로 받아들이지는 못했다. 실제로 세간에서 충동적이고 과격하다고 평가받는 사람이 세상의 변화를 이끄는 경우가 많은데도 말이다.

국내외 선각자 여성들의 예를 들어보자. 1918년 영국에서 여성들에게 참정권을 보장하기 전 여성의 참정권 요구는 반규범적이었다. 에멀린 팽크허스트Emmeline Pankhurst가 이끄는 '여성사회정치연합'의 지도자들은 참정권을 요구하며 공공시설에 불을 질렀고 단식투쟁을 벌였다. 에밀리 데이비슨Emily Davison은 "여성에게 참정권을!"이라고 외치며 경마가 벌어지는 경마장 안으로 뛰어들어 사망했다.

일제강점기 신여성의 대표 격이었던 나혜석을 보자. 서양화가이자 언론인이었던 그녀는 남존여비 사상과 온몸으로 싸우며 남녀평등과 여성인권을 옹호했다. 그는 "현모양처는 여자를 노예로 만들기 위해 부덕을 장려한 것"이라고 비판했다. 결혼 당시 시어머니와 함께 살지 않을 것과 사망한 유부남 연인(최승구)의 비석을 세워줄 것 등을 남편(김우영)에게 요구했다. 결혼 이후 최린과의 염문으로 이혼하고 사회적 비난을 받자 "혼외정사를 벌이는 것은 죄도 실수도 아닌 가장 진보된 사람의 행동일 뿐"이라는 놀라운 글을 발표했다.

이러한 여성들의 언동에 대해 당시 체제, 특히 남성들은 경악하고 분노했다. 그러나 이러한 여성들의 돌파로 새로운 규범이 만들어졌다. 기존 체제는 사회구성원에게 이성적으로 사고하고 행동하라고 강요한다. 이때 '이성'은 종종 '계산'과 같은 뜻이다. 자기에게 돌아올 손익을 항상 세어보라는 것이다. 기성의 법과 윤리에서 일탈하지 말라고 겁을 준다. 그러나 여기에 순응하기만 하면 우리는 기계 부품으로 전락한다. 손익을 따지지 않고 질러야 할 때가 있다. 법과 윤리에서도 일탈해야 할 때가 있다.

요컨대 머리와 가슴이 충돌할 때 이것저것 따지지 말고 가슴을 따라가라. 안도현 시인의 유명한 시「너에게 묻는다」의 구절, "너는 누구에게 한 번이라도 뜨거운 사람이었느냐"를 자문하면서. 종국적으로 보면 "뜨거운 사람"이 되려는 선택이야말로 진정 이성적인 선택일 것이다.

어리석음을
온몸으로 실천하는
'철부지'가 되자

영미권 사람들과 이야기하다 나이를 밝혀야 할 때가 오면 나는 굳이 "I am XX years old"라고 하지 않고 "I am XX years young"이라고 틀린 영어를 쓰곤 한다. 그러면 상대는 그 의도를 알아채고 파안대소한다. 학교 공식행사나 강의를 해야 할 때가 아니면, 정장 차림을 하지 않고 청바지에 운동화 차림으로 돌아다닌다. 그러다가 원로 선생님을 마주치면 "아직 젊구먼"이라며 한 말씀하신다. 사회참여를 하면서 목소리를 높이면, 선배들은 "여전히 힘이 뻗치네, 살살해" 하고 조언한다. 대학 동기회에 나가면 일부 동기는 "학교에만 있다 보니 철이 안 들어서 그래!" 하며 놀리기도 한다. 모두 다 나를 위하는 좋은 뜻에서 주신 말씀이다. 이제 우리 나이로 쉰이 되었으니 적은 나이가 아니다. 조선 시대 같으면 노인 행세를 했을 것이다.

몸은 필연적으로 늙어간다. 체력도 떨어지기 마련이다. 그러다 보면 어느새 마음도 달라진다. 세상의 변화가 아득해 보이거나 싫어지고, 변화를 위한 외침과 행동도 과격하거나 미숙하게 느껴진다. 자신의 지식과 경험이 최고라 생각하며 타인, 특히 젊은이의 고민과 상황을 외면하며 '어른으로서의' 훈계를 일삼는다. 경청하고 소통하기보다는 호통치거나 잔소리한다. 젊은 시절 세상의 변화를 치열하게 고민하고 열심히 뛰었더라도 이제는 지나버린 추억담이나 영웅담으로만 간직하고, 역동하는 현실 앞에서는 "나도 다 해봤어. 세상은 쉬운 게 아냐"라고 말하며 주저앉는다. 게다가 다른 사람까지 주저앉히기도 한다. 더 많은 돈이나 더 높은 자리를 위해 기존의 생각을 180도 바꾸거나 이름을 팔기도 한다.

나도 나이가 들어가니 사람들이 왜 '꼰대'가 되어가는지 이해는 간다. 하지만 그렇게 살고 싶은 생각은 없다. 철이 든다는 것이 이런 '꼰대'가 되는 것이라면 거부해야 한다. 우리 속에서 "조직의 합리성을 숭배하는 관료적 지식기사"가 "비판적 이성을 생명으로 여기는 지식인"을 교살하는 것을 막아야 한다.[59]

나는 비록 몸은 늙어도 정신은 청청한 사람으로 살고 싶다. 물론 '청년 정신'을 유지하는 것은 청바지를 입는 것만으로 가능한 건 아니다.

아주 유명한 말이 있다. 프랑스 왕 루이 필리프Louis-Philippe 밑에서 장관과 총리를 지낸 프랑수아 피에르–기욤 기조François-Pierre-Guillaume Guizot가 한 말이다. "스무 살에 공화파가 아닌 것은 심장이 없다는 증거고, 서른 살에 공화파인 것은 머리가 없다는 증거다." 이 말은 이후 프랑스 총리를 역임한 조르주 클레망소Georges Clemenceau 등 여러 사람에 의해 다음과 같이 변형되었다.

"스무 살에 사회주의자가 아니면 심장이 없다는 증거고, 서른 살에 사회주의자인 것은 머리가 없다는 증거다."[60]

이 변형된 말은 우리나라 보수인사들이 즐겨 사용하고 있기도 하다. 요컨대, "나도 스무 살 때는 그래봤다"라는 경험론으로 사회 비판, 체제 비판에 대응하면서, 비판자들에 대해 "아직도 철이 안 들었구나"라고 놀리는 것이다. 민주와 인권을 따지고 자본주의를 비판하는 것은 철부지 시절의 치기나 만용에 불과할까? 서른 살 이후부터는 '수구왕당파'가 되고 '자본주의자'가 되는 것이 철든 행태일까?

올해 초 《한겨레》 신문 인터뷰 기사로 소개된 효암학원 이

사장 채현국 선생님의 삶의 자세는 많은 사람에게 감동을 주었다. 거부였지만 동시에 반독재민주화 운동가들의 후원자였으며, 오랜 세월이 흐른 후에도 세속의 명리에 휘둘리지 않고 자신의 원칙을 지키며 사는 어르신의 모습에 나 역시 크게 감동받고 그 인터뷰를 몇 번이나 읽었다. 한마디 한마디가 가슴을 파고들었다.

"지식을 가지면 '잘못된 옳은 소리'를 하기가 쉽다. 사람들은 '잘못 알고 있는 것'만 고정관념이라고 생각하는데 '확실하게 아는 것'도 고정관념이다. 세상에 '정답'이란 건 없다. 한 가지 문제에는 무수한 '해답'이 있을 뿐, 평생 그 해답을 찾기도 힘든데, 나만 옳고 나머지는 다 틀린 '정답'이라니……. 이건 군사독재가 만든 악습이다."

"모든 건 이기면 썩는다. 예외는 없다. 돈이나 권력은 마술 같아서, 아무리 작은 거라도 자기가 휘두르기 시작하면 썩는다. 아비들이 처음부터 썩은 놈은 아니었어, 그놈도 예전엔 아들이었는데 아비가 되고 난 다음에 썩는다고……."

"봐주지 마라. 노인들이 저 모양이라는 걸 잘 봐두어라. 너희들이 저렇게 되지 않기 위해서. 까딱하면 모두 저 꼴 되니

봐주면 안 된다."

채 선생님의 말씀을 들으며 '이 분은 나보다 더 청년이시구나' 하는 생각을 했다. 독선과 오만을 경계하고 겸허한 마음으로 진리를 찾아가는 것, 돈과 권력에 영혼을 팔지 않는 것, 이것이야말로 '청년'으로 사는 법이다.

법과대학이나 법학전문대학원에 입학하는 학생들, 그래서 판사, 검사, 변호사를 꿈꾸는 학생들의 지원 서류나 면접을 보면, 대부분이 "이 세상에 정의를 구현하고 싶다", "사익보다는 공익, 강자보다는 약자를 위해서 일을 하겠다"라고 한다. "나와 내 가족의 부귀영화를 위해 공부하겠다"라고 말하는 이는 이제껏 단 한 명도 보지 못했다. 그런데 세월이 흐른 후 정치권력과 시장권력의 이익만을 대변하는 데 앞장서는 법률가들은 많이 보게 된다. 힘과 돈에 붙어 득을 보려는 '회남계견淮南鷄犬, 닭과 개도 하늘로 올라가 신선이 된다는 뜻으로, 한 사람이 출세를 하면 그 집안에 딸린 사람들도 덩달아 덕을 보게 된다는 것을 비유'들이 너무나 많다. 왜 이렇게 되었을까? 철이 들면 이렇게 되는 것이 당연한 것일까?

지난 대선에서 국가정보원은 각종 방식으로 선거에 개입하는 범죄를 저질렀다. 1987년 6월 항쟁을 통해 한국은 대의민주주의를 이루었다. 대의민주주의의 핵심원리는 주권자가 선거를 통해 대표자를 뽑고 그에게 임기 동안 권력을 위임한다는 것이다. 이를 통해 비로소 권력의 정당성, '치자治者'와 '피치자被治者'의 동일성이 확보된다. 그런데 이 선거과정에 국가정보원 등 여러 국가기관이 조직적으로 개입한 것이 확인된 것이다. 국내 정치개입이 금지된 정보기관이 수장의 지시에 따라 진보 성향의 서울시장 후보와 대통령 후보를 비방하는 글을 올렸다는 것은 그 자체로 엄청난 헌정문란범죄다. 국가보훈처는 총선과 대선 시기 워크숍과 안보교육 등을 통해 야권을 종북·좌파 세력으로 몰아가는 것으로 선거에 개입했음이 확인됐다. 이상의 행위는 대표자를 선출하는 과정에 개입해 유권자의 선택을 왜곡시킨 것으로 대의민주주의의 전면 부정이다. 이러한 국가기관의 불법행위가 선거결과에 몇 %나 영향을 주었는지를 추론하는 것은 중요하지 않다. 핵심은 민주주의의 골간을 훼손하는 국가범죄가 일어났다는 점이다. 이는 진보와 보수의 성향 문제가 아니다. 그런데 정파적 이익에 눈이 먼 일부 법률가 또는 법률가 출신 정치인들은 이러한 중대범죄를 옹호, 호도, 외면하는 추태를 부렸다.

반면 민주헌정의 뿌리에 독극물을 주사한 중대한 국가범죄가 은폐되지 않고 세상에 드러나게 된 것은 국가공무원으로 일하고 있던 두 법률가의 힘 덕분이었다. 권은희 전 수서경찰서 수사과장, 윤석열 전 수원지검 여주지청장이다. 경찰과 검찰 내부의 다수는 청와대 눈치를 보며 알아서 기었지만, 이 두 사람은 범죄를 은폐·축소하려는 세력과 끝까지 맞섰다. 그리고 인사상 큰 불이익을 받았다. 국가권력이나 법조계에서는 이 두 사람에 대해 여러 험담이나 조롱을 하고 있을 것이다. 그중 하나로 "세상 물정 모르는 철부지"라는 비아냥도 있을 것 같다.

이 법률가들은 철이 덜 들어 바보 같은 짓을 한 것일까? 나이가 들면 식견과 경험이 늘어난다. 사람과 세상이 가지고 있는 모순성과 복잡성도 이해하게 된다. 그러나 이러한 과정이 초심을 잃게 하고, 법과 원칙을 배신하게 하는 쪽으로 이어진다면 그것은 성숙함이 아니다. 자발적 굴종이다. 철이 잘못 드는 것이다. 그래서 스스로에게 다짐한다. 철든 체하지 말자고. 배운 자, 가진 자들의 다수가 잘못 철이 들어 문제가 되는 이 세상에서 그렇게 철들기를 거부해야 한다. 그래, 우리 모두 '철부지'가 되자!

통일원 장관을 역임했던 한완상 서울대 명예교수가 1978년 젊은이들에게 권한 말씀이 있다. 이 글을 현재의 젊은이들에게 보내고 싶다.

"이제 오늘의 젊은이는 […] 자기와 세계를 '옳고 그름'의 관점에서 판단하고 살려는 의지를 길러야 한다. 그것이 언뜻 보기에 우직한 것처럼 보일지라도 그것은 틀림없이 보람 있는 삶이기에 주저 없이 그리고 단호하게 그 어리석음을 온몸으로 받아들여야 한다. 우리 다 같이 약삭빠른 기능인간이 되기보다는 어리석은 인간이 되어보자. 밝은 내일을 바라보며 오늘 여기서 어리석은 사람이 되어보자."[61]

공감의 시대,
공감하는 인간

　　인생은 동화 속 낭만으로 가득 차 있지 않다. 어린 시절도 마찬가지다. 순수, 아름다움, 희망, 환상, 구원만을 기대하는 사람은 자신의 기대만큼 아름답지 못한 현실을 직면하면 질끈 눈감아버리고 만다. 그렇게 하나둘씩 눈을 감아버리는 세상에서 '해피엔딩'은 있을 수 없다. 크리스마스에 산타클로스는 오지 않는다는 것을 알게 되면서부터 아이는 어른이 되어간다. 세상과 인생은 동화처럼 흘러가지 않는다는 것을 인정하면서부터 우리는 현실의 모순과 역설에 눈뜨고 세상에 대한 고민을 시작하게 된다.

　　과거 노무현 후보가 대통령 선거에 나섰을 때는 물론, 대통령 당선된 이후에도 반대 정파 사람들은 그를 대학도 나오지 못한 사람이라며 멸시하고 조롱했다. 대표적으로 당시 한나라당 전여옥 대변인의 발언이 있다.

"다음 대통령, 대학 나온 사람이 돼야 한다. 노무현 대통령은 대학 못 나온 콤플렉스를 가지고 있다. 고졸 대통령 노무현이 싫다. 나는 대통령이 대학을 다닌 경험이 없다는 것이 적절하지 않다고 생각한다. 하지만 박근혜 대표는 대학을 졸업해서 정치를 관망하는 시각이 탁월하다. 대졸자들은 큰 그림을 보는 데 타고난 천성이 있는 것 같다. 하지만 고졸자 대통령은 언행이 거칠고 역할이나 임무 수행에 문제가 많다."

나는 이 말을 들으니 상고를 가야 했던 내 친구들이 저절로 떠올랐다. 먹고살아야 했기 때문에 꿈을 포기하는 사람들은 지금도 많다. 게다가 노무현은 1975년 당시 60명만 뽑는 사법시험에 합격한 수재였음에도 대학 졸업장이 없다는 이유로 차별받았다. 한국 경제가 '개발도상국' 수준이었던 시절, 국민 다수에게 대학 교육은 거리가 먼 이야기였던 시절에 대학을 간다는 것이 단지 개인의 성실함과 우수함 때문만은 아니다. 이를 외면하고 대학 진학에 엄두도 못 내고 다른 삶의 경로를 택해야 했던 수많은 사람들을 무시하는 것은 오만 중의 오만이며 잔인함 중의 잔인함이다.

"사랑과 지식은 나름대로의 범위에서 천국으로 가는 길로 이끌어주었다. 그러나 늘 연민이 날 지상으로 되돌아오게 했다. 고통스러운 절규의 메아리들이 내 가슴을 울렸다. 굶주리는 아이들, 압제자에게 핍박받는 희생자들, 자식들에게 미운 짐이 되어버린 의지할 데 없는 노인들, 외로움과 궁핍과 고통 가득한 이 세계 전체가 인간의 삶이 지행해야 할 바를 비웃고 있다. 고통이 덜어지기를 갈망하지만 그렇게 하지 못해 나 역시 고통받고 있다."[62]

가슴이 답답해져올 때마다 러셀의 이 글을 찾는다. 그러면 가슴이 뜨거워진다. 그의 공부는 자신만을 위한 것이 아니었다. 나는 지금도 마음이 혼탁해진다고 느낄 때 그에게서 공부해야 할 이유를 되새기곤 한다. 모두를 위한 세상을 꿈꾸는 일, 시작은 공감이 아닐까?

제레미 리프킨Jeremy Rifkin의 『공감의 시대』에 이런 생각을 공고히 다져주는 좋은 말이 있다. 그는 이 책에서 '공감'을 "관찰자가 기꺼이 다른 사람의 경험의 일부가 되어 그들의 경험에 대한 느낌을 공유"하는 것이라 정의했다. 그리고 인류의 존속과 번영을 위해서는 '공감의 문명empathic civilization'이 중요하며, 21세기 '공감의 시대'에는 우리 속에 들어 있는 '호모 엠파티쿠스Homo Empathicus', 즉 '공감하는 인간'을 찾고 계발해야 한다고 했다. 유사한 맥락에서 최재천 교수는 『호모 심비우스』에서 21세기가 추구하는 이상적인 인간은 '호모 심비우스Homo Symbious', 즉 경쟁 일변도에 빠진 사람이 아니라 '협력하고 공생하는 인간'이라고 했다.

반면, 완전히 다른 시각 또한 존재한다. 노동운동 탄압, 사회보장 축소, 민영화와 구조조정 등을 밀어붙인 전 영국 수상 마거릿 대처Margaret Thatcher는 1987년 《우먼즈 오운Woman's Own》이라는 잡지와의 인터뷰에서 "사회 따위는 없다There is no such thing as society"라는 악명 높은 말을 던진 바 있다.

"이들은 자신들의 문제를 사회에 전가하고 있어요. 누가 사회인가요? 사회 따위는 없어요. 개인으로서의 남성과 여성이 있고 가족이 있을 뿐입니다. […] 사람들은 먼저 스스로를 돌봐야 해요."63

참으로 놀라웠다. 사회구성원이 직면하고 있는 문제들 중에는 개인의 성실과 노력만으로 풀 수 없는 것들이 많다. 구성원이 아무리 열심히 일하고 또 일해도 가난과 결핍에서 벗어날 수 없는 구조가 있기 때문이다. 그런데 대처는 "사회 따위는 없다"라고 말하며, 자기 구제 노력이 부족한 것을 탓하라고 한다. 대처의 이런 철학은 신자유주의의 핵심을 드러낸다. 사회가 없는 세상은 개인들의 경쟁만 남은 정글이다. 이런 정글에서는 공감, 공존, 연대는 모두 사치스러운 단어가 되고 말며, 부익부 빈익빈과 양극화는 너무도 자연스러운 법칙이 되고 만다. 세계금융위기가 닥치면서 신자유주의에 대한 반성이 이루어지고 있지만, 우리나라의 지배동맹은 이러한 대처주의를 여전히 맹신하고 있다.

이해가 안 되는 것은 아니다. 많은 한국인들은 한국 전쟁 이후 권위주의 통치를 경험했다. 급속한 경제개발 시기를 거치면서 '호모 이코노미쿠스', 즉 '경제적 인간'으로 사는 것을 당연시하고 체화했다. 생존을 위해 이익을 추구해야만 물질적 부를 누릴 수 있었던 것이다. 약육강식, 승자독식의 원리를 신봉할 수밖에 없었다. 승자의 '먹잇감'이 된 패자는 열패감 속에 살아야 했고, '한탕'을 노리는 유혹에 빠지기라도 하면 더 불행해졌다. 먹이를 확보한 소수의 승자는 승리감에 도취하지만, 이들도 끊임없는 경쟁과 재산 축적이라는 욕망의 노예가 되어 불안과 공허에 시달린다. 그리하여 모두가 불행하다. 지그문트 바우만의 표현을 빌리자면, '호모 이코노미쿠스'는 "이 세상을 일회용 물품들, 한 번 쓰고 버리는 물품들—다른 인간들을 포함한 전체 세상까지—이 가득 담긴 용기처럼 보는 훈련을 하고 있다."[64] 그러나 우리 모두가 행복해지기 위해서는 '호모 이코노미쿠스'에 의해 억압된 '호모 엠파티쿠스'와 '호모 심비우스'를 되살려야 한다.

다행히도 작은 변화들이 곳곳에서 눈에 띈다. 《시사인》의 독자 주부 배춘환 씨는 '불법파업'을 했다는 이유로 손해배상과 가압류를 당한 노동자를 지원하는 데 써달라며 아이 학원비 4만 7000원을 《시사인》에 보냈다. "해고노동자에게 47억 원을 손해배상하라는 이 나라에서 셋째를 낳을 생각을 하니 갑갑해서 작지만 제가 할 수 있는 일을 시작하고 싶어서 보냅니다. 47억 원…… 뭐 듣도 보도 못한 돈이라 여러 번 계산기를 두들겨봤더니 4만 7000원씩 10만 명이면 되더라고요"라고 적힌 편지와 함께. 배 씨의 이 행동을 시작으로 많은 사람들이 10만 명 중 한 사람이 되기 위해 '아름다운 재단'의 '노란 봉투 캠페인'에 성금을 보내고 있다. 가수 이효리도 그러한 '호모 엠파티쿠스' 중의 한 사람이었다. 세상은 공감으로 이루어진다. 그것이 타인과 나를 연결시키는 고리가 된다.

늙지 않는 공부,
나보다 우리를 위한 시선

　우리는 대부분 노동을 하며 살아간다. 육체노동이건 지식노동이건, 블루칼라건 화이트칼라건. 사무실이건 공장이건 상관없이 일하러 가는 사람보다 임대료 받으며 사는 사람들이 더 많을 리는 없다. 과거에도 그랬고, 현재는 물론 미래도 그럴 것이다. 우리는 노동하며 인생 대부분을 살아간다. 고졸자든 대학생이든 청년들도 거의 다 그렇게 될 것이다. 시민이 노동자이고, 노동자가 시민이다. 우리는 모두 '호모 파베르'다!
　그러나 사람들은 '노동자'라는 호칭을 꺼린다. 중국 중남中南대학 천뤼陳銳 교수는 『'노'라고 말하는 아이』에서, 자녀에게 공포심을 심어주기 위해 공사장에 데리고 가서 힘들게 일하고 있는 노동자를 가리키며 "열심히 공부하지 않으면 저렇게 된다"라고 겁을 주고, 거리 청소를 하는 환경미화원을 가리키며 "저건 노예나 하는 일"이라고 멸시하는 중국 부모들을 비판한다.[65] 이런 상황이 중국에서만 일어나는 것은 아니다. 한국의 부모들도 자식들에게 유사한 이야기를 하고 있다.

현재 우리나라 노동조합 조직률은 10% 정도로 OECD 최저수준이다. 노동자가 노동조합을 만드는 것은 당연한 헌법적 기본권이지만, 이 권리를 현실에서 행사하려면 온갖 난관에 부딪친다. 전교조가 출범할 때도 "교사가 무슨 노동자냐"라는 비난이 엄청났다. OECD 소속 나라들은 물론 대부분의 민주국가에서 교사노조 결성은 그야말로 당연한 것인데 말이다. 유럽에서는 소방관과 경찰도 노조를 조직하고 파업도 한다. 교사노조 금지를 주장하는 논리 뒤에는 무서운 노동자 천시의 논리가 숨겨져 있다.

2013년 폭로된 삼성그룹의 'S그룹 노사전략(2012.1.)' 문건에서 드러난 노조결성 방해 작업은 가공할 수준이었다. 이 문건이 제시하는 '노사 사고예방(노조설립 저지)'을 위한 10개 추진 과제의 주요 내용에는 '문제 인력' 노조 설립 시 즉시 징계를 위한 비위 사실 채증 '지속', 임원 및 관리자 평가 시 조직관리 실적 20~30% 반영, 노사협의회를 노조설립 저지를 위한 대항마로 육성, 비노소 경영 논리 제계 보상 등이 들어 있다. 이 문건은 노조설립 예방을 위한 핵심 수단으로 '빈틈없는 현장 조직 관리' 등을 통한 '부진, 문제 인력에 대한 지속적 감축'을 제시하고 있다. 고 이병철 삼성 회장은 "자신의 눈에 흙이 들어가기 전에는 노조를 허용할 수 없다"라는 반헌법적 발언을 공공연하게 했고, 지금도 삼성그룹은 이 유훈을 충실히 받들고 있는 것이다.

노동자가 뭉치지 못하고 뿔뿔이 흩어져 모래알이 될 때 자본과 기업의 논리는 일방적으로 관철된다. 이를 막기 위해 헌법과 법률은 단결권을 보장한 것이다. 기업으로서는 노동자가 노조를 만드는 것, 노조에 가입하는 것이 불편할 것이다. 그러나 적어도 외견상 노사 간 중립을 표방하는 국가는 이러한 부당노동행위를 분명하게 처벌해야 함에도, 그런 소식은 들려오지는 않는다.

적지 않은 사람들은 파업이 발생하면 불편해하거나 심지어 불온시하며 비난한다. 2013년 코레일 파업이 일어나자 정부와 보수언론은 '노동귀족'들이 돈을 더 받으려 파업한다며 비난을 퍼부었다. 공기업의 방만한 운영은 개혁해야 한다. 공기업 노동자의 임금이 상대적으로 높은 것도 사실이다. 그러나 질문 몇 개를 해보자. 코레일의 적자는 노동자 임금 탓이었나? 철도노동자가 19년 근속해 평균 6300만 원 정도 연봉을 받으면 '귀족'이 되나? 바람직한 사회는 임금이 하향평준화되어 모든 노동자가 겨우 생계만 이어가는 '노동천민'이 되는 세상인가? 재벌 임원처럼 연간 수십 억, 수백 억 원을 버는 진짜 '귀족'에 대해선 비난은커녕 당연시하거나 부러워하면서 왜 이들의 연봉은 비난할까? 철도노동자 파업을 비난하는 사람들은 비정규직 노동자가 파업하면 동조하면서 칭찬할까?

2013년 중앙대에서 일하는 청소노동자들이 비인격적 대우와 업무환경의 개선을 요구하면서 파업에 들어갔다. 이들은 철도노동자보다 훨씬 열악한 노동조건과 환경에서 일하다 파업을 하게 됐다. 이때 정부와 보수언론은 이들 편을 들어주었던가? 어림없는 얘기다.

더욱 서글픈 것은 중앙대 총학생회가 이 문제는 중앙대와 관계없는 하청업체의 일일 뿐이라며 반박했다는 사실이다. 파업으로 인한 중앙대의 '브랜드 가치' 하락을 우려하면서. 이는 노동계약서에 중앙대 이름이 없으니 중앙대는 책임 없다는 전형적인 형식주의 주장이었다. 조직 브랜드를 위해서 노동자 인권은 부차화되어야 한다는 경영자 편중의 주장이었다. 미래의 노동자가 자신을 자본가 또는 경영자와 동일시하고 현재의 노동자의 고통을 외면하는 것이다. 대학생들의 삶이 아무리 팍팍해졌어도 사회적 약자에 대한 공감이 이렇게 약해졌는가 싶어 씁쓸했다.

2002년 소방관 파업이 일어난 영국 사회를 떠올려본다. 당시 영국 정부는 강공책을 전개하며 소방관을 대신해 군인을 보내 소방업무를 보게 했다. 그런데 대부분의 영국 국민들은 여론조사에서 파업지지 의사를 표명했다. 투입된 군인들은 화재현장에 익숙하지 않아 인명사고가 자꾸 늘어만 갔다. 이런 일이 우리나라에서 일어났다면 보수언론들은 가만 놔두지 않았을 것이다. "파업 때문에 사람이 타 죽다!"와 같은 자극적인 제목을 달고 소방관들을 비난하며 여론몰이에 나섰을 것이다. 그러나 영국은 정반대였다. 우선 시민들부터 화재현장에 나타난 군인들에게 야유를 퍼부었다. 그리고 언론들도 소방관의 역할이 얼마나 중요한지 강조하면서 소방관들에게 적절한 처우를 해주지 않아 파업이 일어났고 인명사고마저 난 것이라고 보도했다. 영국이 '선진국'이라고 불리는 이유가 단지 국민소득이 높기만 해서일까. 나라의 근간을 이루는 것은 다름 아닌 노동자이며, 따라서 노동인권은 존중되어야 한다는 의식을 대다수 시민이 공유하고 있기 때문일 것이다.

   2014년 1월 스페인 프로축구 3부 리그에서 일어난 일도 떠오른다. 수개월째 임금을 받지 못했던 '라싱 산탄데르'는 '레알 소시에다드'와 홈경기를 거부했다. 11명의 선수 모두 센터 써클에 어깨동무를 하고 서서 경기를 거부했다. 그 결과 경기가 취소됐고 '레알 소시에다드'가 준결승에 올랐다. 흥미로운 것은 이 경기가 열렸을 때 팬들이 "경기하지 마라"라고 외쳤다는 것, 그리고 경기가 취소된 후 감독이 "오늘 경기는 우리 생애 가장 중요한 경기였지만 우리의 존엄성이 경기보다 우선"이라고 말하며 선수들을 두둔했다는 점이다. 이런 일이 우리나라에서 일어났다면 구단, 팬, 언론 등은 어떠한 반응을 보였을까?

우리 사회에서는 '합법적 파업'을 하기가 쉽지 않다. 대법원은 구조조정, 합병, 사업조직 통폐합, 정리해고 등은 '경영권'에 속한 사항이기에 노동쟁의의 대상이 될 수 없다는 입장을 고수하고 있다. 그러나 바로 이 '경영권' 사항은 노동자의 지위와 근로조건에 즉각적이고 중대한 변화를 일으킨다. 많은 선진국에서 실현되고 있는 노동자의 경영참여와 공동경영 등 '산업민주주의'가 우리나라에서는 교과서에만 있을 뿐이며, '경영권'을 건드리는 파업은 바로 불법이 된다.

우리나라 여야 유력 정치인이 종종 방문하고 돌아오는 독일의 예를 보자. 독일은 법에 따라 노동자의 경영참여는 보장한다. 독일 기업 이사회는 '경영이사회'와 '감독이사회'로 나뉜다. 전자는 경영진에 대한 감시와 통제 역할을 하고, 후자는 기업의 장기전략, 인수합병 등에 대한 사전 승인 또는 사후 보고를 받는 역할을 한다. BMW, 폭스바겐 등 독일 차량은 세계 최고 수준의 품질을 자랑하며, 우리나라 거리에도 많이 돌아다닌다. 그런데 우리는 이 차량을 생산하는 기업의 의사결정이 어떠한 구조에서 이루어지는지에 대해서는 무지할 뿐 아니라 외면한다. 2013년 6월 4일 정의당 주최로 열린 강연회에서 롤프 마파엘Rolf Mafael 주한독일대사는 다음과 같이 말했다.

"모든 기업은 이윤극대화를 추구한다. 다만 국가제도와 사회 시스템이 기업가가 일방적으로 자신이 원하는 모든 결정을 하도록 허용을 하는가, 그렇지 않은가가 중요하다. […] 독일은 직원 1000명 이상의 대기업의 경우 노동자가 경영에 참여할 수 있도록 법으로 보장하고 있다. 또 노동자와 사용자가 각각 반반씩 참여하는 감독위원회를 구성하게 했다. 가장 성공한 독일 기업 중 하나로 꼽히는 폭스바겐은 노동자들의 경영참여권을 가장 많이 보장하는 곳이기도 하다. […] 노동자의 경영참여를 사회주의적인 제도로 볼 수 있겠지만, 이 제도 역시 보수정당이 도입했다."[66]

이렇게 노동자의 경영참여가 보장되기에 오히려 파업은 줄어들었다. 예컨대, 폭스바겐은 직원 대다수가 금속노조에 가입해서 활동하고 있는데, 10년간 한 차례의 파업도 없었다. 배제와 억압이 능사가 아님을 보여주는 사례다.

그런데 한국에서는 '경영권'을 건드리지 않는 파업도 범죄로 처벌된다. 특히 형법 제314조의 업무방해죄는 노동쟁의를 범죄화하는 핵심도구다. 헌법이 명시적으로 노동쟁의를 기본권으로 규정하고 있음에도, 노동자들이 집단적으로 정시출퇴근을 하거나, 시간외근로를 거부하거나 집단조퇴·집단휴가를 사용하면, 폭력, 파괴, 협박 등이 수반되지 않더라도 업무방해로 처벌된다. 노동쟁의권은 원래 노동자의 일방적인 근로계약의 파기를 보장하는 것임에도, 노무제공거부가 집단적으로 이루어지면 이 또한 업무방해로 처벌된다. OECD 나라에서는 다 허용되는 쟁의전술인데 말이다. 그리하여 2007년 국제노동기구와 2009년 11월 유엔 경제·사회·문화적 권리위원회는 각각 업무방해죄 적용으로 한국 노동자들의 파업권이 약화되며 안정적이고 조화로운 노사관계의 형성이 막히고 있다고 심각한 우려를 표명했다.

파업노동자에게는 형사처벌에 더해 수십, 수백억 원의 손해배상과 가압류가 가해진다. 형사처벌은 몸으로 때우면 된다 치자. 그러나 월급, 예금, 집, 전세금 등을 다 빼앗아가는 민사소송은 생계의 뿌리를 뽑아버린다. 가장이 자살하고, 부부가 이혼하고, 아이들은 흩어진다. 중앙대의 경우 청소노동자들이 학내에서 구호를 외치거나 대자보를 붙이면 1장당 100만 원씩 지급하라는 가처분 신청을 법원에 제출한 바 있다. 이 모두가 노동운동을 위축시키고 가정을 파괴하려는 '돈 폭탄'이다. 이 '폭탄'을 맞은 노동자들은 어차피 망한다고 생각해 더욱 격렬한 투쟁을 전개한다.

헌법이 보장하는 파업권이 하위 법률인 형법과 민법으로 인해 껍데기로 전락하고 있다. 오랜 세월 동안 시민들의 노력으로 우리의 정치적 민주화는 상당 수준으로 올라섰다. 하지만 정작 먹고사는 문제와 관련된 사회적·경제적 기본권은 아직도 취약하다. 이 문제가 빨리 중요한 사회의제로 자리 잡아야 한다. 노동자를 '임금노예'로 만드는 법제는 바꾸어야 한다. 우리 사회가 '친노동' 사회는 못되더라도 '살殺노동' 사회가 되는 것은 막아야 하지 않겠는가. 우리는 자신이 '노동하는 인간'임을 자각해야 한다. 그리고 다른 '노동하는 인간'과 공감하고 연대해야 한다. 노동조합도 파업도 남의 일이 아니다.

대학 때는 세상을 '혁명'으로 바꿀 수 있다고 생각했다. 실제로 1987년, '혁명적 상황'을 만들어내기도 했다. 그때는 세상이 완전히 바뀔 줄 알았다. 그러나 그 이후에도 세상은 급격히 바뀌지 않았다. '한 방'으로 달라지는 것은 없다. 세상은 전진후퇴, 좌충우돌, 우여곡절을 겪으며 천천히 달라진다. 조급하게 마음먹거나 행동하지 말고 이 과정을 다 버텨내야 한다. 세상이 지금보다 빨리 바뀌지 않는다고 해서 당장 모든 것을 포기할 수는 없는 노릇이다.

2013년 12월 10일 고려대 경영학과 주현우 씨가 대학 후문에 붙인 "안녕들 하십니까?" 대자보와 그 여파를 생각해보라. 한 장의 대자보가 얼마나 큰 반향을 불러일으키고 변화를 추동하고 있는가. 나는 이 대자보 운동 속에 등장한 "82학번 엄마"가 붙인 소자보를 접한 후 같은 82학번으로 마음 한편이 저렸다.

"너희들에게만은 인간을 가장 귀하게 여기는 세상을 물려주고 싶었는데, 너를 키우면서 부끄럽게도 성적과 돈에 굴종하는 법을 가르쳤구나. 미안하다. 이제 너의 목소리에 박수를 보낸다."

진보건, 보수건, 고의건, 과실이건 우리 기성세대의 잘못이 크다! 학생들은 기성세대가 만들어놓은 제도의 희생자다. 독재정권을 무너뜨리고 정치적 민주화를 이루었다는 자부심에 도취했고, IMF 체제 이후 위축되어 신자유주의에 순응했으며, 뒤늦게 경제민주화에 눈을 떴으나 정권 및 세력교체에 실패했다. 그래서 다음 세대에게 큰 부담을 넘겨주었다. 대선 후 쓰레기통에 들어간 경제민주화를 되살리는 것, 이것이 기성세대로서 "안녕들 하십니까?"에 조금이나마 응답하는 길이라는 생각을 한다.

"안녕들 하십니까?"의 열풍은 한동안 곳곳에서 릴레이로 이어섰다. 2013년 12월 17일 동국대 이해낭 극장 앞에서 열린 "안녕들 하십니까?" 집회에 나온 동국대 김희정(20) 씨는 이렇게 말했다.

"대학에선 꿈을 꿀 줄 알았는데, 현실은 '취업의 전당'이었다. 쌍용차 해고노동자들의 이야기를 들어도, 밀양에 있는 사람들의 이야기를 접해도 꿈쩍하지 않게 됐다. 스스로 무뎌지고 있다는 생각이 들었다. [⋯] 아르바이트를 해도 먹고사는 일이 해결이 안 된다. 일을 다녀와서 체념이라는 안주로 맥주를 마시는데, 그래도 냉소하고 체념하면 안 된다."[67]

그렇다. 냉소하고 체념하면 안 된다. 수학자이자 철학자인 비트겐슈타인Ludwig Wittgenstein은 두려움과 용기에 대해 "마음속의 용기야말로 비록 처음에는 겨자씨와 같아도 점점 성장해서 커다란 나무가 되는 것이다"라며 의지를 강조했다. 그리고 "아무리 작은 용기라도 커다란 나무가 될 날을 상상하자. 그리하여 모든 두려움을 극복해나가자"라고 토닥인다.[68] 인간의 위대함은 그가 가진 권력이나 부의 크기가 아니라 정신과 기백과 영혼의 크기로 결정 난다. 세속의 삶에서 '평민'으로 살면서 '사회귀족'의 눈치를 보고 머리를 숙이고 무릎 꿇는 일이야 있겠지만, 그 어떤 순간에도 내면에서 굴종이 일어나선 안 된다. 인간의 내면은 온전히 그 자신만의 것이다. 내면을 빼앗기지 말아야 한다.

내가 느끼는 고민, 불안, 고통은 혼자만의 것이 아니다. 이 사회의 모순은 한 개인에게만 영향을 주지 않는다. 그래서 개인은 주변을 둘러보고 아픔을 토로하고 손을 내민다. 자신의 아픔이 모두의 아픔이란 것을 깨닫는다. 그리고 광장으로 투표장으로 나선다. 이러한 공감이 행동으로 이어지는 데까지는 많은 시간이 걸릴 수 있다. 그러나 자발적 노예가 되기를 거부하는 '반항하는 인간'들이 모여 있는 한 반드시 승리는 찾아올 것이다. 그 승리가 단박에 오지 않더라도.

'공적 지식인'이 된다는 것

몇 년 사이 내가 사회적 주목을 받게 된 것은 깊숙한 정치 개입 때문이었다. 사실 내 전공 연구활동은 소수 전문가 집단 내에서만 검토되고 토론되는 경우가 많다. 그러던 중 2010년, 《오마이뉴스》오연호 대표와 함께 『진보집권플랜』을 준비하는 것을 계기로 현실 정치에 본격적으로 개입하기 시작했다. 당시 민주진보진영은 2012년 총선과 대선을 거의 포기한 듯한 심리상태에 빠져 있었고, 여기에 충격을 주기 위해 이 책을 기획했다. 출간 후, 나는 전국을 돌면서 경제민주화와 복지국가는 진보의 과제이며 연합정치를 통해 해결해야 한다고 얘기했다. 헌법 제119조 제2항[69]의 실현이 새로운 시대정신이 되기를 바라는 마음에서였다.

이후 세 번의 큰 선거에 개입했다. 2011년 서울시장 재보궐선거에서는 박원순 후보의 멘토로, 2012년 국회의원 총선에서는 민주진보진영 여러 후보의 후원회장 또는 지지연설자로, 2012년 제18대 대선에서는 '정권교체와 새 정치를 위한 국민연대' 상임대표를 맡고 야권단일후보 문재인 후보의 TV 찬조연설자로 나섰다. 자평하면, 1승 1무 1패였다. 박원순 후보는 서울시장이 되어 새로운 서울시를 만들고 있다. 총선의 경우 범민주진보진영이 국회 의석 과반수를 차지할 수도 있었는데 이것이 불발된 것은 안타깝지만 이전보다는 훨씬 많은 140석을 얻었다. 문재인 후보는 박근혜 후보에게 패배했다. 108만여 표 차이였다.

이런 나의 활동을 싫어하는 세력은 내게 '폴리페서polifessor' 딱지를 붙였다. 새누리당 당적을 가지고 이미 정치활동을 하고 있거나, 당적은 없어도 새누리당 대선캠프에 들어가 활동하고 있는 교수들에 대해서는 아무 말이 없었다. 그러나 나에게는 온갖 꼬투리와 트집을 잡아 공격했다. 학계의 기준에 무지하거나 또한 그 기준에 관심없는 자들이 정치적 목적으로 내 학위논문과 학술논문이 '표절'이라고 헐뜯는 일도 있었다. 이 모두 정치참여의 필연적 비용이라고 생각한다. 우리 모두는 '호모 폴리티쿠스Homo Politicus', 즉 '정치적 인간'이다. "나는 정치에 무관심하다"라고 말하고 행동하는 사람도 많다. 하지만 그

역시 정치적 입장의 하나다. 브라질 출신으로 저명한 하버드 로스쿨 법철학 교수이며 브라질 룰라 행정부 아래에서 장관을 역임한 로베르토 웅거Roberto Unger의 말을 빌리자면, "냉소적 거리 두기는 투항과 죽음을 의미할 것이다."[70]

스무 살 무렵, 나는 장 폴 사르트르Jean Paul Sartre에 매료됐다. 그는 자기 안에 있는 모순을 외면하지 않고 직시하는 것, 그것을 극복하기 위해 노력하는 것이 지식인의 역할이라는 것을 알려주었다. 그는 시몬 드 보부아르Simone de Beauvoir와의 '계약결혼', 즉 서로 사랑하는 것을 약속하는 동시에 상대가 다른 사람과 사랑에 빠지는 것을 허락하는 계약의 당사자일 정도로 파격적인 인물이었다. 그의 저항과 자유 정신을 젊은 나 또한 온몸으로 느꼈다.

사르트르는 반나치 저항운동에 참여했을 뿐만 아니라, 프랑스 식민지배에 대항해 무장투쟁을 벌이던 '알제리해방전선FLN'에 자금을 지원하며 조국 프랑스에 대한 '반역'을 저질렀다. 또한 노동운동을 지지하고 공산당과도 연대했다. 소련을 과도하게 우호적으로 평가하는 실책을 범했으나, 시대적 요구에 항상 주저하지 않고 온몸을 던졌으며, 그 과정에서 온갖 비난과 공격을 기꺼이 감수했다. 1945년 제2차 세계대전이 끝난 후 프랑스 정부가 최고훈장인 '레종 도뇌르Lgion d'Honneur'를 수여하려 했으나 거부했음은 물론, 1964년 노벨문학상 수상자로 선정됐지만 이 역시 단박에 거절했다. 권력이나 돈의 유혹만큼 강한 것이 명예임에도 말이다. 그가 상을 거절한 이유는 다음과 같았다.

"나는 공식적인 영예를 항상 거부해왔다. 〔…〕 우리가 '121명의 성명서'에 서명하며 지지했던 알제리 독립해방 기간에 노벨상이 주어졌더라면 나는 감사히 상을 받았을 것이다. 그 경우 나에 대한 노벨상은 단지 나만이 아니라 우리가 얻기 위해 투쟁하고 있던 자유를 기릴 수 있기 때문이다."[71]

프랑스 공안당국이 '알제리해방전선' 자금 지원을 이유로 사르트르를 구속해야 한다고 드골 대통령에게 말했을 때 드골이 거절하며 말한 것처럼, 사르트르는 당대의 '볼테르'였다. 『지식인을 위한 변명』에 나오는 이 구절은 내가 평생 잊지 않고 가슴에 간직하는 구절이다.

"지식인이란 자기 내부와 사회 속에서 구체적 진실(그것이 지니고 있는 모든 규범과 함께)에 대한 탐구와 지배자의 이데올로기(그 안에 담긴 전통적 가치체계와 아울러) 사이에 대립이 존재하고 있음을 깨달은 사람이나. 〔…〕 지식인은 그가 누구로부터 위임장을 받은 일도 없고 어떤 권력으로부터도 자리를 배당받은 적이 없다 […] 특권 계급으로부터 추방되고 그러면서도 혜택 받지 못한 계급으로부터는 수상쩍은 눈길을 받으면서 지식인은 이제 자신의 일을 시작할 수 있게 된다. […] 지식인의 역할은 모든 사람을 위해 자신 모순을 살아가는 것이며, 모든 사람을 위해 근본주의적 태도로써 그 모순을 초극하는 것이다."[72]

버트런드 러셀 또한 내가 사랑하는 지식인이다. 그는 『러셀 자서전』에서 자신이 이 세 가지 열정에 사로잡혀 떠돈 나그네라고 말했다. 지식인이라면, 누구나 이 세 가지 열정에 대해 다들 공감할 것이다.

"단순하지만 누를 길 없이 강렬한 세 가지 열정이 내 인생을 지배해왔으니, 사랑에 대한 갈망, 지식에 대한 탐구욕, 인류의 고통에 대한 참기 힘든 연민이 바로 그것이다. 이러한 열정들이 나를 이리저리 제멋대로 몰고 다니며 깊은 고뇌의 대양 위로, 절망의 벼랑 끝으로 떠돌게 했다."[73]

러셀은 왜 자신을 방황하는 나그네라고 표현했을까? 그는 영국 명문귀족 집안에서 태어나 순수학문인 수학과 철학을 연구한 최고 수준의 학자였지만, 세상을 외면하지 않고 과감하게 개입했다. 사회민주주의자, 무정부주의자, 무신론자, 반전·반핵운동가, 여성해방론자로 맹활약하며 세상의 모순과 부조리에 맞서 싸웠다. 보수적 성윤리를 거부한 사람으로 네 번의 결혼을 했고 여러 여성들과 염문을 일으켰다. 1906년 하원의원 선거에 나가 당시로는 혁명적인 여성참정권 보장을 주장해 달걀 세례를 당하는 등 엄청난 비난을 받았다. 제1차 세계대전이 발발하자 반전·징병거부 운동을 벌이다 유죄판결을 받고 투옥됐던 그는, 1960년 노벨문학상을 받고 난 후에도 정치활동을 멈추지 않았다. 그는 1961년 핵무기반대운동을 벌이며 영국 국방성 앞에서 연좌농성을 벌이다 징역 2월을 선고받는다. 그의 나이 89세였다. 에리히 프롬의 말처럼, 그는 "이념을 자신의 삶을 통해 표현했으며, 인류의 역사적 상황에서 교사에서 예언자로 변신한 몇 명 안 되는 사람 중 한 사람"이었다.[74]

내가 이들만큼 '정치적'인가? 이들만큼 뜨거운가? 나를 돌아보면 전혀 그렇지 못한 것 같다. 이들은 언제나 나를 반성하게 한다.

냉정히 돌아볼 때 나는 실력이나 기여에 비해 과대평가되고 있다. 인품, 내공, 덕성 등에 있어서 나보다 훨씬 뛰어난 지식인들이 많이 있지만, 대중적 노출이 많은 '정치전선'에 서다 보니 내가 눈에 띄었을 것이다. 서울대 출신 미국 박사에다 서울대 교수라는 학력과 경력도 중요한 요인이 됐을 것이다. 사실 다른 나라에 비해 한국 사회에서 교수의 발언권이나 영향력은 매우 강하며, 사회적 평가도 후한 편이다. 조선 시대 '학자정치인'의 전통 때문인지, 스승을 존중하는 유교문화 때문인지, 지식 엘리트가 부족했던 개발도상국 상황의 여파 때문인지 정확히 알 수는 없다.

2007년 《경향신문》은 기획연재 「민주화 20년, 지식인의 죽음」에서 나를 '탈민족주의 진보적 시민사회론자'로 분류했다. 미국과 영국 유학을 마치고 돌아온 1998년 이후 약 10년간 나의 좌표를 적절하게 요약한 것 같다. 민족통일의 과제를 생각할 때 여전히 민족주의는 소중한 가치이지만, 수많은 이주노동자가 한국 사회에 들어와 일하고 있는 이 시대에 폐쇄적 민족주의는 위험하다고 생각한다. 권위주의에 맞서는 진보적 자유주의, 자본주의의 모순과 대결하는 사회주의 모두 한국 사회의 진보와 개혁을 위한 핵심사상이라고 생각하지만, 스탈린주의, 김일성주의 등 '국가사회주의'적 이론과 실천에는 반대한다. 대의정치와 정당정치의 중요성을 인정하지만, 동시에 '촛불시민'으로 표상되는 직접민주주의의 중요성을 잊지 않는다. 이러한 관점에서 나는 앞으로도 '공적 지식인public intellectual'으로서 소임을 계속할 것이다. 주장하고 비판하고 설득하고 호소할 것이다. 또다시 온갖 허위중상과 음해를 받겠지만 감당할 것이다.

　잊히고 사라질 때까지 주어진 일, 내가 해야 할 일을 할 것이다. 어떨 때는 맹렬히, 어떨 때는 담담히. 어떨 때는 웅변으로, 어떨 때는 침묵으로.

'진보적'이지만 '독립적'인 지식인

　내가 진보적 성향으로 정치참여를 꺼리지 않고 있음은 자타가 모두 인정하는 사안이다. 그런데 나는 한 번도 당적을 가져본 적이 없다. 그리고 누구의 선거캠프에도 들어간 적이 없다. 이 점에서 나는 정치적인 사람이지만, 정당으로부터는 독립적인 사람이다. 그 이유는 다음과 같다.
　나는 진보적 자유주의와 사회(민주)주의를 다 추구하는 정치적 지향을 가지고 있다. 1987년 6월 항쟁이 탄생시킨 1987년 헌법은 부족하나마 이러한 지향을 담고 있다. 그러나 이러한 헌법정신은 1990년 '3당합당'으로 기습적 일격을 맞았고 1997년 IMF 위기로 치명타를 맞았다. 이후 지금까지 수구보수동맹은 신자유주의 기치 아래에 똘똘 뭉쳐 있다. 이 틀을 깨는 것이 시대적 과제다. 신자유주의 반대의 기치 아래에 '3당합당' 체제를 해체하고 새로운 정치동맹을 만들어야 한다고 생각한다. 나는 수구기득권동맹에 맞서는 튼튼하고 너른 정당을 원하며, 그런 정당이 만들어지는 데 기여하고 싶다.

그런데 현재 진보적 자유주의를 추구하는 정당도, 사회(민주)주의를 추구하는 정당도 각각 여러 개로 나누어져 있다. 물론 이러한 분립에는 이유가 있다. 정치적 지향과 강령에 일정한 차이가 확인되며, 활동경험, 방식, 문화 등에서도 따로따로 가는 이유가 있다. 각 정당은 자신의 입장이 가장 올바르다고 주장하지만, 나는 선뜻 동의하지 못한다.

철학적 용어를 빌리자면, 민주진보진영의 각 정당은 '부분적 진리'만을 확보하고 있을 뿐이다. 물론 '부분적 진리'를 가지고 있는 정당 중에서도 '총체적 진리'에 다가갈 수 있는 핵심을 쥐고 있는 정당을 찾아 가입하고 정당활동을 하는 것은 매우 의미 있는 선택이며, 그 선택을 진심으로 존중한다. 그렇지만 동시에 정당 바깥에서 활동하면서도 '부분적 진리'는 확보할 수 있다고 생각하며, 이러한 '부분적 진리'를 가진 개인과 조직들이 상호존중과 연대하는 가운데 '총체적 진리'는 점차 모습을 드러낸다고 생각한다.

나는 '독립직 지식인'을 말할 때, 조지 오웰과 알베르 카뮈를 떠올린다. 냉전 체제가 본격적으로 시작되자, 지식인의 상당수는 공산당으로 달려갔다. 그리고 소련에 대해서도 옹호 일변도의 입장을 유지했다. 그러나 오웰과 카뮈는 달랐다.

조지 오웰은 영국 식민지였던 인도에서 하급관리의 아들로 태어났다. 영국인이었던 그는 미얀마에서 제국경찰로 근무하다 제국주의의 악행을 경험하고 문필활동에 집중하기 시작했다. 1936년 스페인 내전이 터지자 반파시즘 의용군으로 자원하면서 스탈린주의에 입각해 있던 스페인 공산당의 문제점을 직접 경험한다. 이 일을 계기로 그는 사회주의자로서 신념을 지키면서 '호모 폴리티쿠스'로 살았다. 에세이집 『나는 왜 쓰는가』에서 그는 이렇게 말했다.

"내 작업을 돌이켜보건대 내가 맥없는 책들을 쓰고, 현란한 구절이나 의미 없는 문장이나 장식적인 형용사나 허튼 소리에 현혹됐을 때는 어김없이 '정치적' 목적이 결여되어 있던 때였다."[75]

그는 당대의 진보적 지식인과 달랐다. 소련과 그에 동조하는 영국 사회주의운동에 대한 매서운 비판을 계속했고, 권력의 속성을 적나라하게 고발했다. "네 다리는 좋고 두 다리는 나쁘다"라는 슬로건이 "네 다리는 좋고 두 다리는 더욱 좋다"로 바뀌고, "모든 동물은 평등하다"라는 슬로건이 "모든 동물은 평등하다. 어떤 동물은 더욱 평등하다"로 바뀌는 상황에 대한 『동물농장』의 비판과 경고는 지금도 여전히 유효할 것이다.

카뮈는 프랑스 식민지였던 알제리에서 프랑스계 이민노동자의 아들로 태어났다. 어려운 생활환경 속에서 알제리에서 대학을 다니고 알제리 공산당에 가입했는데, 스탈린주의 노선에 반발해 관계를 끊고 우파가 됐다. 이후 프랑스로 건너가 제2차 세계대전 기간 동안 반나치 저항운동에 참여했고, 유럽 지성계에 퍼져 있던 친소련 경향을 강력하게 비판했다.

단, 카뮈는 사르트르와 달리 모든 폭력에 반대한다는 신념을 가지고 있었기에 알제리 독립과 '알제리해방전선'의 무장투쟁에 반대했고, 프랑스 정부를 옹호해 자신의 한계를 드러냈다. 그러나 "반항하는 인간"[76]으로 "우리는 결정적 혁명을 믿지 않는다. 모든 인간적인 노력은 상대적이다"[77]라는 신념을 가졌던 카뮈가 고립을 자초하며 스탈린주의 및 프랑스 공산당의 문제점을 용감하게 지적했던 것은 용기 있는 행동이었다.

오웰이나 카뮈의 스탈린주의 및 소련 비판에 대해 당시 유럽의 공산당과 좌파 지식인 다수는 일제히 비난을 퍼부었다. 그 비난 뒤에는 파시즘과 제국주의와 싸워야 하는 상황에서 스탈린주의와 소련의 문제점을 덮고 넘어가자는 생각이 깔려 있었을 것이다. 그러나 오웰과 카뮈 같은 독립적 지식인들은 굴하지 않고 진정으로 이상적인 사회, 모두가 평등하고 공정한 사회를 만들기 위해 목소리를 높였다. 토니 주트의 표현을 빌리자면, 이들은 정적이나 지적인 적수를 반대할 때만이 아니라 "'자기 편'을 반대할 때도 그 용기의 진가를 발휘했다."[78]

이후 만천하에 드러났지만 당시 스탈린 통치하에 있던 소련의 현실은 사회주의 이념과 너무나 달랐다. '병영兵營 사회주의'라는 말이 나올 만큼 독재와 억압이 공공연하게 벌어지고 있었다. 내가 오래전 반독재 학생운동에 참여하면서도 '주체사상파'가 되지 않고 오히려 그 비판에 나섰던 것은 이 두 사람 영향이 크다.

지식인은 자신과 이념이나 지향이 같은 사람이나 정당과 함께 하면서도 그 문제점을 직시하고 지적하는 것을 포기해서는 안 된다. '진영' 내부의 문제점도 주저하지 않고 지적하는 것이 지식인의 책무이자 역할이다. 정치에 참여하면서도 정치에 함몰되어선 안 된다. 이 점에서 지식인은 의도적 고립을 추구하며 위험한 줄타기를 계속해야 한다. 모두가 "Yes"라고 외칠 때, 혼자서라도 "No"라고 말할 수 있어야 한다.

나에게 공부는 이런 것과 비슷한 것 같다. 아무래도 나만을 위해 하는 공부는 별로 매력이 없다. 우리를 위한 것이기에 나는 지금까지도 쉬지 않고 공부하는 것이 즐겁다.

힘들 때도 많다. 그럴 때는 끊임없이 스스로를 다잡으며 용기를 내야 한다. 나는 언제나 내 공부가 책상머리에 머물러 있는 것을 경계한다. 우리가 사는 세상에 돈 냄새보다는 사람 냄새가 더 많이 나도록 하는 것이 내 공부의 목표다.

마무리하며

"끝날 때까지는
끝난 것이 아냐"

자이언츠는 오랫동안 우승을 하지 못하고 있다. 지난 1992년 이후로 한 번도 우승을 해보지 못했으니 그 목마름이란 바짝 말라붙은 우물에 비할 바 아니다. 그러나 자이언츠의 근성과 저력을 믿기에 나는 여전히 편파적 응원, 희망 섞인 전망을 멈추지 않는다. 나를 아는 사람들은 야구와 자이언츠에 대한 팬심을 종종 보았을 것이다. '부산갈매기'의 정서를 고스란히 간직하고 있는 나로서는 어디에서라도 은연중에라도 그 애정을 드러내곤 한다. 지금 당장 사직경기장으로 달려가 주황색 봉투를 머리에 쓰고 응원하지 못하는 게 아쉬울 따름이다.

현재의 자이언츠에는 포수로서 팀의 중심을 잘 잡아주는 강민호 등 스타급 선수들이 여럿 있다. '빅 보이' 이대호는 떠났지만 '장돈건' 최준석이 돌아왔다. 그래도 내 마음속의 자이언츠는 최동원의 팀이다.

부산 구덕초등학교 선배이기도 한 최동원은 어린 시절 추억 속에 깊이 자리 잡고 있다. 아직도 나는 경남고 에이스 최동원의 모습을 선명하게 기억하고 있다. 그가 1975년 고교야구대회에서 경북고, 선린상고를 대상으로 17이닝 연속 노히트 노런이라는 경이적인 대기록을 이루었던 장면이 지금도 기억난다. 이후 나는 동네 '형님'이 '영웅'으로 거듭 변신하는 모습을 지켜보았다. 내가 대학 2학년이던 1983년 최동원은 자이언츠에 입단했다. 전두환 정권이 만든 프로야구는 우민愚民정책이라 비판하면서도, 최동원의 경기는 챙겨보았다.

    1984년 한국 시리즈는 역대 최고의 한국 시리즈 중 하나로 꼽힌다. 이 경기에서 자이언츠는 당시 최강이던 라이온즈를 맞이했다. 7차전의 숨막히는 경기가 이어졌고, 끝내 혼자 4승을 거둔 최동원의 무쇠팔 덕에 자이언츠는 우승을 차지했다. 당시 라이온즈가 약체인 자이언츠를 한국 시리즈 상대로 골랐다는 말이 있었으나, 결과적으로 호되게 당하고 말았다. 이후 최동원의 '한국프로야구선수협회' 활동을 보면서 개인적 교감을 넘어 사회적 유대감이 형성됐다. 그때나 지금이나 스타급이 아닌 선수들의 인권과 복지는 취약하다. 당시 최고 대우를 받고 있던 최동원은 이 문제 해결을 위해 '총대'를 맸다. 최동원이 선수협을 조직할 때 법률자문을 문재인 의원이 맡았음은 이제 잘 알려진 사실이다. 이후 최동원은 선수협 주동자라는 낙인이 찍혀 전 구단에서 따돌림을 당했고, 1988년 팀에서 방출당해 라이온즈로 갔다가 1990년 반강제로 은퇴했다.

    이후 최동원은 잠시 정치의 길을 걷는다. 만약 그가 고교 선배 김영삼을 따라 1990년 '3당합당'으로 만들어진 민주자유당에 합류했더라면 국회의원이건 지방의원이건 떼어 놓은 당상이었을 터인데, 이를 거부하고 노무현, 김정길 등의 '꼬마 민주당'을 선택해 결국 낙선한다. 그의 선거구호는 "건강한 사회를 향한 새 정치의 강속구"였다. 지금으로서는 안철수 의원이 좋아할 만한 구호다. 낙선 후 TV 오락프로그램에 출연한 그를 보았을 때는 굴욕감을 느꼈다.

'영웅'이 '광대'가 되도록 만든 현실에 화가 났다. 종국에는 2001년 한화 야구단의 코치로 복귀해 마지막 야구인생을 불태웠다. 그리고 이제는 자이언츠의 상징이자 구단 최초 영구결번(11번)의 주인공으로 영원한 전설이 되어 동료 선후배는 물론 팬들의 마음속에 살아 숨 쉬고 있다.

최동원 다음으로는 박정태 선수를 좋아한다. 박정태는 특유의 '흔들 타법'으로 유명하다. 하지만 많은 자이언츠 팬들은 그를 '악바리 정신'의 대명사로 기억한다. 그의 끈질김은 패색 짙은 경기를 끝내 뒤집어놓곤 했다. 그가 있었기에 1990년대 자이언츠는 부흥할 수 있었다. 그는 최동원같이 찬란히 빛나는 스타는 아니었다. 최동원은 행군 대열 맨 앞에 서는 선수였다. 자기 앞에는 아무도 없는 길을 깃발 들고 걸어가는 향도와 같은 존재였다. 많은 야구선수들은 하늘에 북극성을 바라보듯 그를 바라보며 야구를 했다. 반면 박정태는 늘 선수들과 함께 길을 걸었다. 때로는 격려를, 더러는 질책을 하면서 팀을 이끌었다. 그가 최고의 2루수이자 팀에서 없어서는 안 될 리더로 인정받은 것은 무엇보다 포기할 줄 모르는 열정 때문이었다. 그는 늘 동료들과 함께하며 끈질긴 근성, 타오르는 투지, 무한대의 성실로 팀을 단결시켜 결국 준우승까지 올려놓았다.

1999년 대구에서 열린 라이온즈와의 플레이오프 7차전에서 그의 역할은 더욱 빛났다. 사이언츠는 1승 3패로 패색이 짙었다. 그런데 '검은 갈매기' 호세가 홈런을 날리자 라이온즈 팬들이 호세에게 오물을 던졌다. 처음에는 참으려고 했던 호세가 사타구니에 오물을 맞자 격분하여 배트를 관중석으로 던졌고, 이로 인해 퇴장 명령을 받았다. 이어 한국 프로야구 역사상 최악이라 할 만한 난동 사건이 벌어졌다. 관중석에서 날아온 오물로 경기장은 엉망이 되었다. 격분한 자이언츠 선수들은 짐을 챙기고 구장을 떠나려 했다. 만약 그랬더라면 자이언츠는 몰수패를 당했을 것이다. 그런데 주장 박정태는 "오늘만은 무조건 이겨야 한다"라며 동료들을 격려했고 덕분에 경기는 재개되었다. 이어진 경기에서 마해영, 임수혁의 '마림포'가 홈런을 뿜어내어 자이언츠는 승리했고 기어코 한국 시리즈에 진출했다. 아, 임수혁은 2000년 잠실구장에서 쓰러져 10년간 투병 끝에 2010년 세상을 떠났다!

세상을 살며 난관에 부딪치거나 좌절할 때 나는 자이언츠를 떠올린다. "괜찮아, '꼴데' 시절도 버텼잖아!" 하면서. 2001년부터 2008년 로이스터 감독이 부임하기 전인 2007년까지 자이언츠의 성적은 8-8-8-8-5-7-7이었다. 팬들 사이에는 "임수혁의 저주"라는 말도 돌았다. 그러나 오랜 기간 바닥에서 헤매던 자이언츠는 이제 가을 야구의 단골손님이 됐다. 정면대결을 피하지 않던 집념의 승부사 최동원, 나아가 부당한 세상과 싸움을 치렀던 최동원은 나에게 묻는다. '당신이 걷는 길에서 최선을 다하고 있는가, 공격이나 비난을 받고 고비를 겪을 때 힘들다고 주저앉으려 하지 않는가, 조금 힘들다고 긴 호흡을 잃은 채 조급하게 대응하고 있지는 않은가'라고.

　나는 풍진세속風塵世俗에 살고 있으며 탐진치貪嗔癡, 즉 탐냄, 성냄, 어리석음에서 자유롭지 못하다. "사랑도 명예도 이름도 남김없이(노래「임을 위한 행진곡」)" 버리고 처염상정處染常淨, 더러운 곳에 살지만 항상 깨끗함을 유지한다의 길을 걷고 있다고 전혀 말할 수 없다. 다만 돈이나 권력을 우선순위에 놓고 살지는 않으려 노력하고 있을 뿐이다. 당시 최고의 투수로 만족하지 않고 동료 선수들의 인권과 복지를 위해 힘든 싸움을 선도하면서 고독한 스포츠인의 길을 걸었던 최동원은 나를 비춰볼 수 있는 거울이다. 또한 박정태의 '악바리 정신'은 내가 힘든 상황에 처하고 어려운 과제를 맡아도, 뉴욕 양키스의 전설적인 포수 요기 베라Lawrence peter "Yogi" Berra의 명언인 "끝날 때까지는 끝난 것이 아냐It ain't over till it's over"를 되뇌며 마지막까지 최선을 다하도록 해주었다.

　최동원과 박정태의 그라운드가 나에게는 연구실과 세상이다. 7평짜리 공간에서 나는 대학 바깥 세상에 눈과 귀를 열고 세상과 소통하고 있다. 책을 마무리하려다 보니 공부 이야기를 하겠다고 해놓고는 정작 이를 제대로 써냈는지 걱정이 된다. 그러나 나에게는 이 모든 것이 공부였다. 학교 공부에 매진했던 청소년 시절도, 외눈박이 세상 속에서 선후배·친구들과 두 눈 똑바로 뜬 채 학생운동에 합류合流했던 대학 시절도, 법학자로서 어떻게 세상에 이바지할 수 있을지 고민하며 판례를 꼼꼼히 읽는 법학자로서의 삶도, 또

사회에 적극적으로 모습을 드러내며 주장과 비판을 그치지 않는 지금까지도 말이다.

인생은 매순간 선택을 필요로 하는 '갈림길'과 '막다른 길'의 연속이다. 내 삶도 그렇다. 현대 중국 문학을 대표하는 루쉰魯迅은 제자이자 연인인 쉬광핑許廣平에게 보낸 편지에서 이렇게 말했다. '갈림길'을 만나면, "울지도 되돌아오지도 않고 먼저 갈림길 어귀에 앉아서 좀 쉬거나 한잠 자고 나서 갈 만해 보이는 길을 선택하고 계속 걷습니다", '막다른 길'을 만나도 "같은 방법을 취해 계속 앞으로 나아가 가시덤불 속으로 헤치고 들어갑니다."[79]

나아가는 것 말고 다른 길은 없을 것 같다. 그 외로운 길에서 꼭 읊고 싶은 시가 두 편 있다. 첫째는 터키의 공산주의자 혁명시인인 나짐 히크메트Nazim Hikmet의 「진정한 여행」이다.

가장 훌륭한 시는 아직 쓰이지 않았다
가장 아름다운 노래는 아직 불리지 않았다
최고의 날들은 아직 살지 않은 날들
가장 넓은 바다는 아직 항해되지 않았고
가장 먼 여행은 아직 끝나지 않았다

불멸의 춤은 아직 추어지지 않았으며
가장 빛나는 별은 아직 발견되지 않은 별

무엇을 해야 할지 더 이상 알 수 없을 때
그때 비로소 진정한 무엇인가를 할 수 있다
어느 길로 가야 할지 더 이상 알 수 없을 때
그때가 비로소 진정한 여행의 시작이다

둘째는 소련의 체코슬로바키아 침공에 맞서 싸우며 반체제 활동에 나섰고 이후 체코 대통령을 역임한 바츨라프 하벨Václav Havel의 「시작해야 하는 것은 나 자신이다」이다.

일단 내가 시작해야 하리, 해보아야 하리.
여기서 지금,
바로 내가 있는 곳에서,
다른 어디서라면
일이 더 쉬웠을 거라고
자신에게 핑계 대지 않으면서,
장황한 연설이나
과장된 몸짓 없이,
다만 보다 더 지속적으로
나 자신의 내면에서 알고 있는
존재의 목소리와
조화를 이루어 살고자 한다면.

시작하자마자

나는 홀연히 알게 되리

놀랍게도

내가 유일한 사람도

첫 사람도

혹은 가장 중요한 사람도 아니라는 것을,

그 길을 떠난 사람 가운데에서

모두가 정말로 길을 잃을지 아닐지는

전적으로

내가 길을 잃을지 아닐지에 달렸다는 것을.

목적지가 정해진 배는 띄워졌다. 폭풍우가 몰아친다고 항해를 멈출 수는 없다. 두렵다고 해서 피할 수도 없다. 맞닥뜨린 난관을 직시해야 한다. 그렇지 않고서는 두려움은 눈덩이로 불어나 악몽이 되어 끊임없이 괴롭힐 것이다.

영화배우 오드리 햅번 Audrey Hepburn은 재치 있게 말했다. "불가능한 것은 없다. '불가능하다 impossible'라는 단어 자체가 '나는 할 수 있다 I'm possible'라고 말한다." 사는 동안 우리는 수많은 어려움을 만나고 그 과정에서 절망하기도 한다. 그러나 그 절망은 좌절로 이어지는 게 아니라 희망 찾기로 연결되어야 한다. 포기하지 말고 체념하지 말고, 자신이 선 자리에서 한 걸음을 내딛자.

주석

1. 피에르 부르디외, 최종철 옮김, 『구별짓기』, 새물결, 1996, 641쪽.
2. http://itooamharvard.tumblr.com/ (최종방문: 2014.3.1.)
3. http://www.nytimes.com/2011/05/25/business/economy/25leonhardt.html?pagewanted=all&_r=0 (최종방문: 2014.3.1.)
4. http://www.ohmynews.com/NWS_Web/View/at_pg.aspx?CNTN_CD=A0001910053 (최종방문: 2014.3.1.)
5. 강수돌, 『팔꿈치 사회』, 갈라파고스, 2013, 61쪽.
6. 이진경, 『삶을 위한 철학수업』, 문학동네, 2013, 252쪽.
7. 같은 책.
8. 버트런드 러셀, 송은경 옮김, 『러셀 자서전(상)』, 사회평론, 2003, 13~14쪽.
9. 르네 데카르트, 이현복 옮김, 『방법서설: 정신지도를 위한 규칙들』, 문예출판사, 1997, 154쪽.
10. 장정일, 『길 안에서의 택시잡기』, 민음사, 1988.
11. 아르투르 쇼펜하우어, 도모다 요코 엮음, 『쇼펜하우어의 행복콘서트 - 행복을 위한 최고의 철학자의 독한 가르침』, 예인, 2011.
12. 존 롤즈, 황경식 옮김, 『정의론』, 이학사, 2003, 568쪽.
13. http://h21.hani.co.kr/arti/special/special_general/35646.html (최종방문: 2014.3.1.)
14. http://www.sisainlive.com/news/articleView.html?idxno=18855 (최종방문: 2014.3.1.)
15. 헨리 데이비드 소로, 강승역 옮김, 『시민의 불복종』, 은행나무, 2011, 50~51쪽.
16. 박원순, 『세상을 바꾸는 천개의 직업』, 문학동네, 2011.

17	강수돌, 『팔꿈치 사회』, 갈라파고스, 2013, 116~117쪽.
18	말콤 글래드웰, 노정태 옮김, 『아웃라이어』, 김영사, 2009. 56~58쪽.
19	조국, 「교사의 체벌과 정당행위」,《서울대학교 법학》제48권 제4호(2007); 조국, 「학생인권조례 이후 학교체벌의 허용 여부와 범위」,《서울대학교 법학》제54권 제5호(2013).
20	박노해, 『노동의 새벽』, 느린걸음, 2004.
21	하워드 진, 유강은 옮김, 『달리는 기차 위에 중립은 없다』, 이후, 2002.
22	조효제, 『인권의 문법』, 후마니타스, 2007, 229쪽.
23	에리히 프롬, 문국주 옮김, 『불복종에 관하여』, 범우사, 1996, 116쪽.
24	알랭 세르, 정지현 옮김, 『넬슨 만델라』, 문학동네어린이, 2011, 33쪽.
25	장 자크 루소, 이재형 옮김, 『사회계약론』, 문예출판사, 2004, 12쪽.
26	지그문트 바우만, 안규남 옮김, 『왜 우리는 불평등을 감수하는가?』, 동녘, 2013, 59쪽.
27	토니 주트, 김일년 옮김, 『더 나은 삶을 상상하라』, 플래닛, 2011, 228쪽.
28	조지 오웰, 정영목 옮김, 『카탈로니아 찬가』, 민음사, 2001, 140~141쪽.
29	http://www.hani.co.kr/arti/culture/religion/566013.html (최종방문: 2014.3.1.).
30	고원, 『대한민국 정의론』, 한울, 2012, 265쪽.
31	리영희, 『반세기의 신화』, 삼인, 1999, 362쪽.
32	홍기빈, 『비그포스, 복지국가와 잠정적 유토피아』, 책세상, 2011, 295쪽.
33	같은 책. 322쪽.
34	http://www.pressian.com/article/article.asp?article_num=40131129145317 (최종방문: 2014.3.1.)
35	샹탈 무페, 이보경 옮김, 『정치적인 것의 귀환』, 후마니타스, 2007, 18쪽.
36	김동춘, 『1997년 이후 한국사회의 성찰: 기업사회로의 변환과 과제』, 길, 2006.
37	라과디아에 관해 참고할 만한 책: 하워드 진, 박종일 옮김, 『라과디아』, 인간사랑, 2011.
38	이진경, 『삶을 위한 철학수업』, 문학동네, 2013, 189~190쪽.

39	조국, 「'아내강간'의 성부와 강간죄에서 '폭행·협박'의 정도에 대한 재검토」, 『형사정책』 제13권 2호(2001).
40	대법원 2013.5.16. 2012도14788 전원합의체 판결.
41	장은주, 『정치의 이동』, 상상너머, 2012, 149~150쪽.
42	마사 누스바움, 박용준 옮김, 『시적 정의』, 궁리, 2013.
43	대전고등법원 2006나1846 판결 (재판장 박철 부장판사).
44	알비 삭스, 김신 옮김, 『블루 드레스: 법과 삶의 기묘한 연금술』, 일월서각, 2012, 84쪽.
45	헨리 데이비드 소로, 강승영 옮김, 『시민의 불복종』, 은행나무, 2011, 21쪽. 역자는 'subject'를 '국민'으로 번역하고 있으나 '신민'이 정확한 역어이다.
46	마사 누스바움, 박용준 옮김, 『시적 정의』, 궁리, 2013, 193쪽.
47	존 롤즈, 황경식 옮김, 『정의론』, 이학사, 2003, 107쪽.
48	Iris Marion Young, Justice and the Politics of Difference 3, 16, Princeton University Press, 1990.
49	존 롤즈, 황경식 옮김, 『공정으로서의 정의』, 서광사, 1988.
50	토머스 모어, 주경철 옮김, 『유토피아』, 을유문화사, 2007, 122쪽.
51	신영복, 『처음처럼』, 랜덤하우스, 2007.
52	순자, 김학주 옮김, 『순자』, 을유문화사, 2009, 716~717쪽.
53	최상용, 『중용의 정치』, 나남출판, 2004, 35쪽.
54	서울대학교 법과대학, 『법률가의 윤리와 책임』, 제2판, 박영사, 2003, 24쪽에서 재인용.
55	http://www.ohmynews.com/NWS_Web/View/at_pg.aspx?CNTN_CD=A0001936324 (최종방문: 2014.3.1.).
56	알베르 카뮈, 장 그르니에 공저, 김화영 옮김, 『카뮈-그르니에 서한집』, 책세상, 2012, 362~363쪽.
57	같은 책. 270쪽.
58	프리드리히 니체, 정동호 옮김, 『차라투스트라는 이렇게 말했다』, 책세상, 2000, 24쪽
59	한완상, 『민중과 지식인』, 정우사, 1978, 48쪽.

60	http://en.wikipedia.org/wiki/Fran%C3%A7ois_Guizot (최종방문: 2014.3.1.)
61	한완상, 『민중과 지식인』, 정우사, 1978, 100쪽.
62	버트런드 러셀, 송은경 옮김, 『러셀 자서전(상)』, 사회평론, 2003, 14쪽.
63	http://www.margaretthatcher.org/document/106689 (최종방문: 2014.3.1.)
64	지그문트 바우만, 이일수 옮김, 『액체근대』, 강, 2005, 258쪽.
65	천뤼, 정주은 옮김, 『'노'라고 말하는 아이』, 쿠폰북, 2011.
66	http://www.ohmynews.com/NWS_Web/View/at_pg.aspx?CNTN_CD=A0001879020 (최종방문: 2014.3.1.)
67	http://www.hani.co.kr/arti/society/society_general/615857.html (최종방문: 2014.3.1)
68	루트비히 비트겐슈타인, 이영철 옮김, 『문화와 가치』, 책세상, 2006.
69	"국가는 균형 있는 국민 경제의 성장 및 안정과 적정한 소득의 분배를 유지하고, 시장의 지배와 경제력의 남용을 방지하며, 경제 주체 간의 조화를 통한 경제의 민주화를 위해 경제에 관한 규제와 조정을 할 수 있다."
70	로베르토 웅거, 이재승 옮김, 『주체의 각성』, 앨피, 2006, 408쪽.
71	http://www.nybooks.com/articles/archives/1964/dec/17/sartre-on-the-nobel-prize/?pagination=false (최종방문 2014.3.1.)
72	장 폴 사르트르, 조영훈 옮김, 『지식인을 위한 변명』, 한마당, 1982, 34, 37, 59, 65~66쪽.
73	버트런드 러셀, 송은경 옮김, 『러셀 자서전(상)』, 사회평론, 2003, 13쪽.
74	에리히 프롬, 문국주 옮김, 『불복종에 관하여』, 범우사, 1996, 28쪽.
75	조지 오웰, 이한중 옮김, 『나는 왜 쓰는가』, 한겨레출판, 2010, 300쪽.
76	알베르 카뮈, 김화영 옮김, 『반항하는 인간』, 책세상, 2003.
77	에릭 베르네르, 변광배 옮김, 『폭력에서 전체주의로-카뮈와 사르트르의 정치사상』, 그린비, 2012, 45쪽에서 재인용.
78	토니 주트, 김상우 옮김, 『지식인의 책임』, 오월의 봄, 2012, 39쪽.
79	노신문학회 편역, 『노신 전집 4: 서간문·평론』, 여강출판사, 343쪽.